社会主义核心价值体系建设
"双百"出版工程

项 目

100位

新中国成立以来感动中国人物

白方礼

安 颖/著

★

吉林文史出版社

前　言

　　每个人的心中都多少有一点英雄情结，都向往英雄、景仰英雄。也正因此，在中华人民共和国建国六十周年之际，由中央十一部委联合组织开展的"100位为新中国成立作出突出贡献的英雄模范人物和100位新中国成立以来感动中国人物"的评选活动中，群众参与投票总数近一亿。这其中的每一张选票，都表达了人们对英雄模范的崇敬之情，寄托着对伟大祖国的美好祝福。

　　一个民族不能没有英雄，否则这个民族就不会强大。当国家危难之时，懦弱者选择了逃避、妥协甚至投降，英雄们却挺身而出，用热血捍卫民族的尊严，人民的幸福。在创立和建设新中国的伟大历程中，涌现出无数可歌可泣的英雄模范人物。他们之中，有为了民族独立和人民解放而英勇牺牲的革命先烈，有为了党和人民的事业而不懈奋斗的优秀共产党员，有在全民族抗战中顽强奋战、为国捐躯的爱国将士，有英勇杀敌的战斗英雄和革命群众，有积极从事进步活动的著名民主爱国人士和国际友人……他们是民族的脊梁、祖国的骄傲，是激励全体人民团结奋斗的精神力量。

　　《100位新中国成立以来感动中国人物》丛书，就像一部星光璀璨的英雄谱，真实、完整地记录了英雄模范人物不平凡的一生，再现了他们非凡的人格魅力和精神世界。舍身堵枪眼的黄继光，拼命也要拿下大油田的王进喜，中国原子弹之父邓稼先，新时期领导干部的楷模孔繁森……一串串闪光的名字，一个个动人的故事，犹如群星闪烁，光耀中华。

　　当今中国正处于伟大变革的时代，迫切需要涌现出一大批勇于承担历史使命、为祖国和人民奉献一切的先进人物。在"双百"人物崇高精神的引领下，在建设社会主义现代化国家的征程中，必将英雄辈出。

生平简介

白方礼（1913-2005），男，汉族，河北省沧县白贾村人。生前是天津市河北运输场退休职工。

白方礼13岁起就给人打短工，1944年逃难到天津，流浪几年后当上了三轮车夫，后进入天津市河北运输场工作。1987年，已经74岁的他决定靠自己蹬三轮车的收入帮助贫困的孩子实现上学的梦想。为了梦想，他曾在夏季烈日的炙烤下，从三轮车上昏倒过去。为了在车站前拉活方便，他搭了个7平方米的小铁皮棚子，在里面住了5年。按每蹬一公里三轮车收5角钱计算，老人相当于蹬着三轮车绕地球赤道18圈。他生活俭朴，每天的午饭总是两个馒头一碗白开水。为了帮助更多的学生，已经81岁高龄的白方礼硬是把自己的两间老屋给卖了，又贷款成立"白方礼支教公司"，挣得的利润全部捐给了贫困的孩子。几年来，他捐款35万元，资助了300多个寒门学子继续学业。为了让贫困的孩子们能安心上学，白方礼老人几乎是在用超过极限的生命努力支撑着。他默默奉献的精神，感动了广大干部群众，得到社会各界的广泛认同。2005年他被中央文明办等部门授予全国关心下一代先进工作者，被全国总工会等部门授予全国职业守法先进个人等荣誉称号。

1913-2005
[BAIFANGLI]

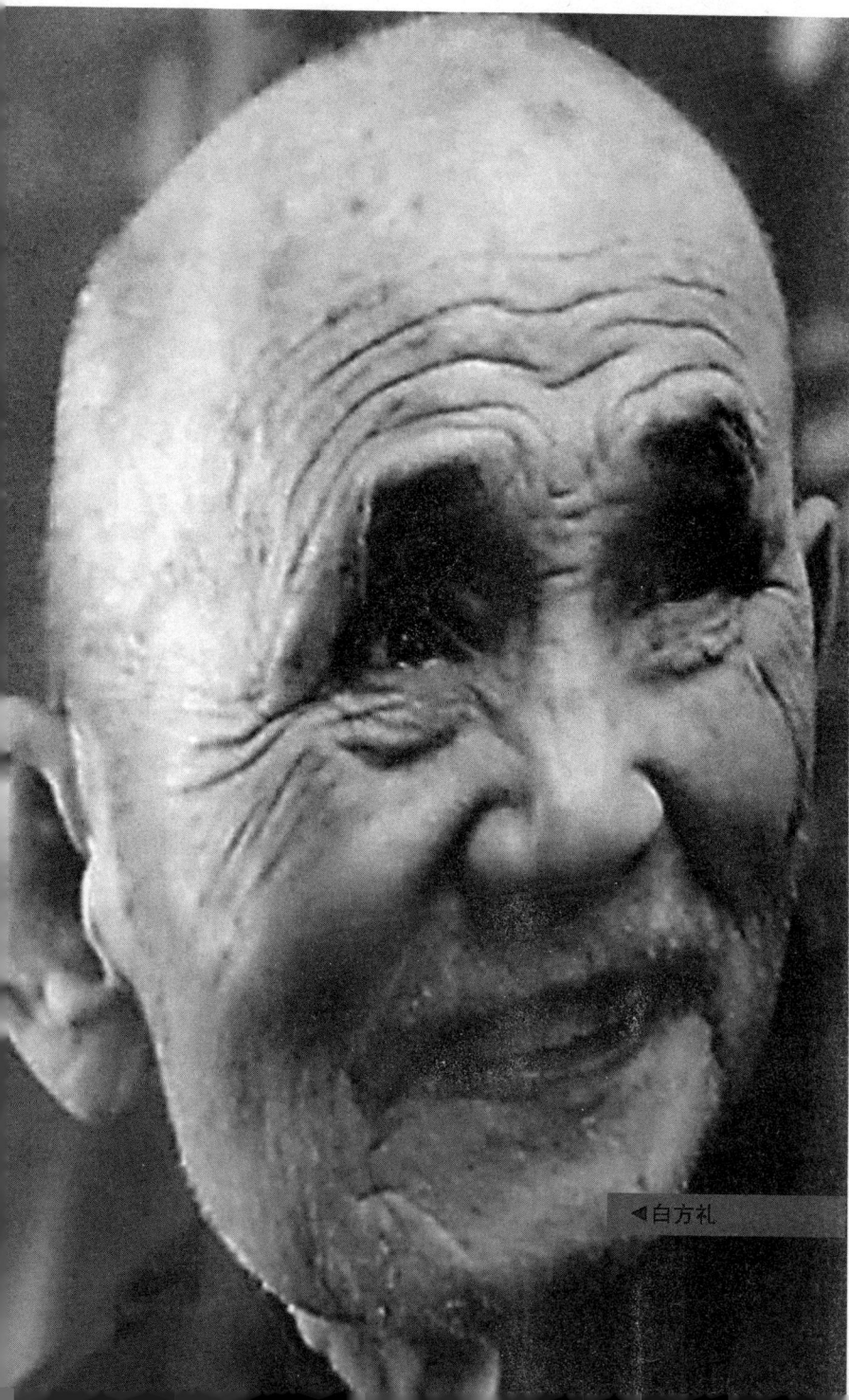

◀白方礼

目 录 MULU

遗世间多少慈风善雨(代序)

白方礼是谁?

一位普普通通的三轮车夫。出生自贫苦家庭,自幼没读过书,30多岁时逃难到天津讨生活,乞讨、打短工,直至当上三轮车夫,靠自己的双腿打拼。从34岁当上三轮车夫,到87岁回家养老,他蹬了一辈子三轮车。

白方礼做了什么?

就是这名再普通不过的三轮车夫,靠着高一脚、低一脚蹬三轮车运送乘客,以及开"支教公司"的全部盈利,资助困难学生、参与公益事业、捐助教育基金累计达35万元。

白方礼长什么样?

个子不高,清瘦,微微地驼背,额头圆润饱满,稀疏的黑白相间的短发,脸上的皱纹沟沟坎坎,每一道皱纹里都深藏着故事。这张脸,如同油画《父亲》中那位老人的形象:淳朴、憨厚,又让人心疼。

貌不惊人的白方礼,从74岁时开始,用自己真实的事迹,谱写了一段传奇:一位老人,一辆三轮车,35万元捐款,300多名贫困学生。滴滴汗水,铺就学子们金色的求学路。

这段传奇并非一路平坦,几乎每一步都伴随着坎坷、误解、执着,但他走得坚定。

其实,白方礼的故事早在一个世纪以前便已有了范本。

清朝末年,在山东省堂邑县(今冠县柳林镇)出了一名行乞办学的贫民教育家武训。他靠沿街乞讨、捡拾破烂、给人打零工攒下钱款,购置学田,积累资金,修建三处义学,免费教授学生,而自己则饮食粗糙、衣衫褴褛、终身未娶,成为中国乃至世界上绝无仅有的"千古奇丐"。

白方礼不就是当代的武训!他身上不正有武训的精神在闪光!

1987 年，白方礼 74 岁。那一年，准备告别三轮车的他回了一趟河北省沧县的老家，一群正在地里干活的孩子们引起了他的注意。一问才知道，这些孩子不是不想上学，而是没钱上学——学校收不到学费，也就没钱留住老师，没有老师，学生们只能告别学校、告别知识。

为了让家乡的孩子们能重新走进教室，更为了改变家乡的教育状况，白方礼开始捐资助学，他又蹬上了他的三轮车，开始了"一个人的长征"。

他穿捡来的衣服，吃粗茶淡饭，他一脚一脚地蹬车挣钱，一分一分地从牙缝里省钱，开办全国首家"支教公司"全额资助困难学生和教育事业。

无私支教的白方礼也收获着属于他的幸福。学生们把他当作自己的亲爷爷一般尊敬，每到年节都来看望；因他的资助而学成毕业的学生实现着他的期望：做好人、走正道、贡献社会；他被树立为公众榜样，事迹广为流传，影响和感召着更多的人……

他的梦越来越大、越来越美——他想要开办一所"白方礼小学"，家庭贫困的学生都可以免费接受教育——那斑斓壮阔的助学梦飞出了他贫困的家乡，飞进了幼儿园、中学、大学、基金会，温柔的光晕笼罩、守护着每一个好学上进的困难学生。这位饱经沧桑的、没有文化的老人，却如同平民教育家、慈善家，如同全天下学子的父亲，太阳般的心炙热地照耀着孩子们踏上锦绣前程，他却眼含泪光，微笑无言。

老子《道德经》中言：大白若辱；大方无隅；大器晚成；大音希声；大象无形。又言：大成若缺；大盈若冲；大直若屈；大巧若拙；大辩若讷。白方礼一生勤俭，面对荣誉不自恃；面对误解，不辩白；面对赞赏，不自傲。这种博大与宽广该是有资格谓之——大爱。

白方礼两次入选"感动中国年度人物评选"。他的名字、照片及事迹与袁隆平、刘翔、任长霞等人同时在央视新闻节目中播出时，淳朴的老人、助学的壮举，震动全国。2011 年中央电视台"感动中国"年度颁奖典礼上，白方礼获得"年度致敬"。

古有武训乞讨办学万世留芳，今有白方礼蹬车助学千载名扬！

"当代武训"白方礼，遗多少慈风善雨，铸三百栋梁之才！

送　别

→ 一位平凡老人的"风光"葬礼

★★★★★

2005年9月25日，星期一。天气阴沉。

这是日历上再普通不过的一天。时间平静地流转，空气自由地流动，花儿安详地绽放，日子像每一个已经过去的昨天一样开始。

人们一如往日地上班，为渴望实现的梦想而奋斗，聊天、吃饭、散步、钓鱼、相爱或者分离。如果，这是生命中的最后一天呢？是否会倍加珍惜？

这按部就班开始的一天，是93岁的白方礼出殡的日子，他将蹒跚远行，去赴一场"约会"，去世多年的老伴，说不定会责怪他来得晚了。他或许会这般解释：

我得蹬车支教啊，下不了车啊，要是身体好了，我肯定还得蹬呢！

在天津，"支教模范白方礼"无人不知。这位饱经风霜的三轮车夫在他74岁正式退休不久后，为了资助困难学生、优秀教师、公益事业，毅然决定蹬车支教。据不完全统计，在他74岁至87岁的13年间，累计捐款35万余元，资助了300多名困难学子。

他的名字，早已成为一个符号、一个象征，成为普通百姓无私支持国家教育的代名词。

天津市河北区黄纬路抗震里，建造于1976年大地震后的灰色楼房，白方礼在这里度过了他生命中最后的时光。

凌晨6点，在微冷的晨风里，人群从城市的各个地方朝着抗震里赶来，自行车、电动车、私家车，车辆太多，楼群里停不下，有序地停在黄纬路两侧的路边。

楼下，花圈成叠，长明灯未熄。人群压抑着情绪，静静地等候。

似乎很少有这样的时刻，人们希望拉住时间，让它的脚步可以再慢一点。时间，它让肌肤爬满皱纹，让微笑饱含沧桑，它不知带走了多少人……这一次，它要带走白方礼，带走那张我们闭着眼睛都可描绘的容颜。时间，是无情的。

早上7点，抗震里和黄纬路被人群"包围"。亲属们捧着白方礼的遗像缓缓下楼，走向在楼外等候的车辆。没有人刻意维护秩序，但拥挤的人群呼啦啦地让出一条道。

"白大爷，你走啦……"是一名大娘的声音，那不是凄厉的号啕，而是如同平日见面时的轻声一问。

"送白大爷……"人群中爆发出低沉的呼喊。

四辆布置了黑纱和老人照片的 5 路公交车上迅速地挤满了人。5 路公交车队总站位于天津站附近，白方礼蹬三轮车支教那些年，常拿个大玻璃杯到车队打热水，和司机师傅们聊天。这一次，车队派来义务送行车。

还有等在附近的夏利出租车，里面同样坐满了人，当天，这些车负责义务接送为白方礼送行的市民。

7 点半，大家起程前往河北区第三医院。9 月 23 日，白方礼在家中去世后，遗体被暂时安放在第三医院太平间。

老人的遗体被抬上殡葬车。很多市民高举着老人的照片声声呼唤着，挤不上车的人眼望着车队，跟出了很远。

车队在缓缓地环城，从第三医院返家，经过家门，又开上主干道中环线，最后经京津公路前往北仓殡仪馆。市民们是想陪伴着白方礼再"看一看"他生活了数十载的城市。无数次，老人一脚高一脚低地蹬着三轮车碾着路面，冬日严寒，夏日酷暑，每一条街道，他都再熟悉不过。

车队驶来，沿途的车辆全都让行，行人大多伫立。最后的告别，缓慢而沉重。

他是位平凡的老人，没有文化，没有豪言壮语，个人账户里没有钱；他苍老清瘦，隐没在人潮里，没有人看得出他曾用老迈的身躯当作烛光，照亮 300 多名贫困学子的求学路；他一定没有想到，年轻时，自己一无所有到天津讨生活，离去时，却拥有这样一列盛大的送行队伍，拥有这样一场"风光"的葬礼。

天津北仓殡仪馆外，早已有几千名与老人素昧平生的送行者踏着晨辉而来。

"白爷爷，我们永远想念您！""白爷爷，一路走好。"来自天津耀华中学、第78中学、红光中学、南开大学等学校的学生们拉起白地黑字的条幅。

来自河北省青县的一名老人对白方礼的大幅照片行三拜九叩大礼，这一天，他凌晨

△ 白方礼的孙子和孙媳护送老人的大幅彩照登上送别车

从家出发，走路、乘车，一路打听，总算在告别仪式前赶到了殡仪馆："老白啊，我代表家乡人民来送你……"

真的如儿媳在老人去世前对他说的那样：市民们来了，学生们来了，记者们来了，大家都来送他，而他穿着整齐干净的衣衫，体面地躺在花的海洋里。

2005年11月，北仓殡仪馆"憩园"里多了一座纪念碑，太白青花岗岩的碑体上，用金箔刻制了白方礼老人生平的碑文，激光镌刻了老人蹬车时的照片，镶嵌了冻玉瓷字。高

△ 白方礼去世后，其家中收到"全国关心下一代优秀工作者"获奖证书，遗憾的是，老人再无法看到

大的白方礼铜质胸像立在一旁，两侧簇拥着松柏和鲜花。铜像背后种植了紫李子树，寓意"桃李满天下"。

微笑在铜像上定格。白方礼陶醉在支教的快乐里，他咽下疲惫和误解，老迈的身躯扛着责任，这责任，任岁月推移和病痛折磨都不曾更改，尽管，那些他资助过的孩子，他仅有几张合影，更不知道他们的名字。

"全国关心下一代工作委员会先进个人"、"中国消除贫困奖奉献奖"、"首届中国网络媒体'感动中国'获奖人物、中国大学生最敬爱的人"——老人去世后，奖项仍然接连不断。

天津市河北区档案馆收藏白方礼的珍贵文献和旧物，设立"永久档案"；百度贴吧里有了"白方礼吧"，搜狐网站设立了白方礼纪念堂，老人的事迹报道和照片被收藏在"天堂纪念馆"；老人生前为天津媒体留下的珍贵手印被制作成手模，镶嵌进"手迹墙"。

2008年11月，电影《白方礼》在河北省沧县白方礼的老家拍摄。白方礼首个资助的小学"白贾村小学"更名为"白方礼小学"，时至今日，用他首次捐助的5000元养老金设立的"白方礼教育基金"的利息，仍用于奖励优秀学生。白方礼小学还与老人曾资助过的天津市耀华中学建立长期合作关系。

白方礼不曾离去，世人用文字、图片、影像记住了他，用奖杯、纪念馆、小学留住了他，用口耳相传、接力支教、互爱互助怀念着他。

→ 致敬：白方礼们！

★★★★★

　　白方礼去世后，他的三轮车被天津市第78中学永久珍藏。

　　2006年1月，在白方礼去世三个多月后，由中国扶贫基金会、中央电视台等单位联合主办的"扶贫中国行慈善之夜晚会"在人民大会堂金色大厅举行，包括姚明签名的爱心篮球、李雪健书画作品等多件爱心物品在晚会上亮相并拍卖，所获善款用于公益事业。

　　在晚会的"自强之路"篇章中，白方礼那布满皱纹的慈祥面容出现在大屏幕上，炎炎夏日里老人擦汗蹬车的画面、老人坐在地上数着手中角票的图片、老人和学生们在一起其乐融融的情景……每一张画面闪过，会场内都会响起经久不息的掌声。

白方礼老人曾经资助过的学生马壮将别着大红花的三轮车徐徐推上前台，在此次晚会上，二十多所来自全国的高校以及众多爱心企业，将要竞拍这辆三轮车的首次展示权。

三轮车首展权的拍卖底价为 5000 元，多家高校和企业参与了竞拍，一次次抬高拍卖价格，经过几轮的竞拍，山东大学学生处负责人陈鑫再次举起了号牌。随着拍卖师的落锤，山东大学以 5 万元竞拍成功。这 5 万元善款将用于中国扶贫基金会"新长城项目"，帮助更多的困难学生。

2006 年 4 月，白方礼的三轮车被运抵巡展首站山东大学。

临行前，工作人员为车身擦了润滑油，为车胎打足了气。因为，这是天津市民深切的托付——要让三轮车"精神饱满"地前行，就如同白爷爷在时一样。

一辆破旧、笨重的三轮车，它从天津走到北京，来到人民大会堂，又走向全国，它化身为一个符号，成为白方礼无私精神的象征，将替老人走更长的路，去往更远的地方，车轮将带着老人对国家、对教育的赤诚，不停息地滚动下去。

2012 年 2 月，白方礼的三轮车回到了北京，被白方礼小学的学生们推上中央电视台的录制大厅，参加感动中国 2011 年度人物评选颁奖典礼。

昔人已去，看着这载满鲜花的三轮车如同老人憨笑着伫立在面前，时间锋利，划伤他的面庞，让他两鬓染霜，甚至将他永远地带走，可在世人心里，白方礼始终是那个硬朗的、不肯歇脚的老人。

学生们将车里的鲜花分发给台下的观众，那鲜红的花瓣啊，分明是老人殷殷的心血，拳拳的爱，请收好它，请传递它！

"感动中国"人物评选已历经 10 年，白方礼在世时和去世后，曾两次被推举为候选人，获奖的呼声很高，尽管因为种种原因，老人两次落选，但在他去世 6 年后，世人终于向白方礼以及和他一样无私奉献社会的普通群众致以最高的敬意。

致敬：白方礼们！

退休后重操旧业

→ 落叶盼归根

1987年，对于白方礼来说是特别的一年。这是他从河北运输场退休后在外补差的第十三年，这一年，他74岁——他老了，陪伴他的那辆"老伙计"三轮车也老了。他琢磨着正式退休。

人是如何一天天变老的？似乎昨天还是意气风发的少年，一转眼，便已是两鬓染霜的老人。日子如同一页一页纸，密密麻麻地写满故事，过日子的人，在故事里辗转，转着转着就转到了结尾。大半生转瞬即逝。

退休那天，他补差的个体三轮社给他开了欢送会，领导称赞他老当益壮，年过七旬还在为国家做着贡献；同事们的

△ 1987年12月1日，白方礼将自己的5000元养老钱捐助给老家河北省沧县白贾村小学。该校聘请白方礼为校外辅导员，并敬送给他"德高望重"匾

祝福更"实在"些，大家都希望他好好在家颐养天年——自己身体康健，儿孙承欢膝下，这不正是享福的时候？

热热闹闹的欢送会结束，还是要面对独自一人时的冷清。

是该落叶归根了，白方礼一边蹬着三轮车往家走，一边寻思着。已经是秋天，秋风有些微凉，大树枝杈上枯败的叶子不堪风力，纷纷而下。车轮碾过落叶，声声脆响，如同久远的记忆在时光里爆裂。

1944 年，31 岁的他，还是个精力旺盛的青年。农民种地，只求老天赏脸，不旱、不涝、不冻、没虫灾，收成才能不错，如果老天没有好脸色，种地的人就吃不饱饭。

他的老家沧县总是不受老天待见。粮食不能丰收，也就没钱、没吃的。太穷了，食不果腹，只能逃了，逃往能吃上饭的地方。白方礼和其他年轻人一样背井离乡。他来到天津讨生活。

天津是个美丽的海滨城市，海河穿城而过，河上有私渡、官渡、专渡等 300 多个渡口，渡船载着往来的市民、客商以及外国人去往其他渡口，因而天津又有"渡口城市"之名；大鼓、相声、时调、快板……天津曲艺接着地气儿，反映老百姓的生活，透着浓浓的渡口文化特色；与之相映的，还有跟随列强一起进入中国的西洋文化；而 9 个列强国家在 1860 年天津开埠后的 80 多年间划分租界，建起的小洋楼各具异国特色，使这个城市多了几分历经沧桑的淡定和美丽。

这是白方礼对于天津最初的记忆。

他决定留下来——城市大，机会多，只要肯拼，肯定能吃饱饭。白方礼没想到，这一停留，便是一辈子。

靠着一身力气和吃苦耐劳的品质，只要能挣钱养活自己，乞讨、流浪、打零工，多苦多累的活白方礼都干过。当然，在旧社会，生活在最底层的他，受气也是家常便饭。"受过的苦啊，不提了，现在是新社会了，能自己当家做主了。"白方礼曾如此回忆。

△ 20多岁时的白方礼

　　没有人愿意受苦，但受苦有时也是一种人生历练——最艰难的日子都曾熬过，还有什么可以把你打倒呢？它像一笔财富，在翻涌的人生里熠熠发光。

　　流浪、乞讨，度过了离乡后的前三年。1947年，他谋到了三轮车运输的工作，开始靠"双腿"吃饭，当上一名三轮车夫。"几个租界几道捐"，生活很是清贫。

　　月份牌一页一页地撕下，日子如同用模子刻出来似的，贫苦人的生活每天都是一样。

△ 30多岁时的白方礼

　　一直熬到国家解放，白方礼在河北运输场当上了运输工，彻底以劳动人民的身份翻身做了主人，日子才不再那么苦。他结了婚，有了家，孩子们出生、长大，他教育孩子好好念书、考大学，拉扯侄子完成大学学业……他慢慢不再年轻。

　　1974年，61岁的他从天津市河北运输场退休，他觉得自己身子骨还硬朗，又坚持在一家油漆厂"补差"。1982年，他又开始在个体三轮社从事客运服务，直到74岁正式退休。他想，这一辈子好像也没干什么"大事"，就几乎快要过完了。

离开家乡四十多年了,以前白方礼也回老家探望过,后来因为年岁大了,他便很少回去了。如今,儿女们都长大成人,他也终于退休了,他想回到故土,看一看多年未见的亲友,住一住祖辈留下的老屋。

倘若是在城市里,子女照顾老人方便,如果老人生病了,也可以马上送到市里的大医院,要是在老家,能有这样优越和方便的条件吗?儿女们最担心的就是父亲的身体。

"以前,老家是穷,过了这么多年,还能

△ 1971年,白方礼和回津探亲的儿子白国富在海河沿岸合影

没发展么？我是真想回老家住住，你们都甭操心了。"白方礼一向自己给自己做主，他的脾气，孩子们再清楚不过。没有人再反对。

人生的秋天，他这一片漂泊的叶子，想要静静地落在故乡。

→ 心 病

★★★★★

白方礼做事一向干脆利落。

收拾了行囊，定好日期，他踏上归乡的路。

颠簸了几个小时，倒了几趟长途车，再走上一段长长的土路，就可以进村了。

1913年，那是辛亥革命之后的第二年，外面的变革如火如荼，却似乎并没有过多地影响河北省沧县大官厅乡白贾村的村民们，面朝黄土背朝天，靠天吃饭的生活不知延续了多少代。农民们辛苦种地，但无论流多少汗似乎也改变不了贫困的现状。

那一年的农历五月十三，同宗同族的白贾村迎来了一个崭新的小生命，长辈们给这个瘦弱柔软的小婴儿取名白方礼。

儿时，家里没钱供孩子读书，白方礼就长在田间地头，13岁时，他就开始给人打零工。穷人的孩子早当家，他像父辈一样吃苦耐劳，有结实的身板，懂得勤俭持家。这身板、这性格，像他儿时对贫穷的记忆一样，陪伴他一辈子。

少小离家老大回。走在通往村里的土路上，白方礼百感交集。他想，大家的生活一定改善了，村里的孩子们也一定能受到良好的学校教育了吧？儿时，村里没有学堂——吃饱饭都成问题，哪还有钱读书？直到1958年，村里才建了一所小学。

远远地，他看到田间有孩子们嬉笑打闹的身影，看那身高和年龄，分明是该上学的岁数，怎么会在外面玩？难道是逃学了？白方礼有些纳闷。

他拦住一个孩子，问："娃娃，为嘛不去上学？逃学可是要挨大人的打！"离家几十年，他的天津话里，掺杂着乡音。

孩子们一下子全都凑过来："爹妈不让上。再说了，老师都走啦。"孩子们扬起小花脸，有些无辜地看着白方礼。那眼神，清澈干净。

爹妈不让上？老师都走了？趁白方礼愣神的空当，孩子们嘻嘻哈哈地散开了。

△ 40多岁时的白方礼

抬眼望去，田里，是大人们忙碌的身影。白方礼加快脚步往田地里走，拉住一个老乡："大白天，娃娃们怎么都不上学？"

老乡摇摇头："哪有钱让孩子上学？还是拉扯大，帮家里下地干活来得实在啊。"老乡顿了顿，反问："村里的学堂不是早就没老师了么？"

白方礼的心钝重地一疼。

离家这些年，他习惯了城市的生活，思想也先进了，知道国家提倡学生们做"四有新人"，自己的几个孩子都有学上，有知识有文化。如何有知识有文化呢？那就得到学校读书啊。有了文化才能有理想有抱负，长大了才能给社会出力，国家才能发展。小时就是因为家里穷，自己才会流浪、乞讨到天津讨生活，一辈子都不识几个大字，连名字都是后来跟别人学着写的。"我这没文化的人，都知道有知识才能给国家多出力，乡亲们就不懂？"白方礼心里憋闷，回乡的喜悦少了一大半。

回到老家，安顿下来，白方礼一路打听着，去找村干部。他就想问一句：孩子们怎么不读书？为嘛没老师？

"读书有文化的道理咋会不懂？懂也没办法啊。"村干部干脆带着白方礼去了一个地方。

那是村里原有的小学。

土坯房几乎要塌了，看着就那么不结实；窗户也破了，呼呼往里灌风；教室里的桌椅也要散架了，桌子上、地面上积了厚厚的一层灰。这哪里像学校呢？

村干部说，老师原来也是有的，只是生活艰苦，工资又低，来过几位老师，全都没留住。学校没了老师，孩子们可不就"放羊"了。

一向说话直截了当的白方礼，这一次硬生生将满腹埋怨咽了回去，默默地转身往回走。

毕竟是 70 多岁的人了，一天的路途劳顿，白方礼有些疲惫，晚饭过后，便在家人的安顿下早早休息了。可身体躺下了，脑子却没闲着。过去的这些年又在他脑袋里"过电影"。初到天津，人生地疏，为了糊口，他去卖苦力，肩挑背扛流大汗，赚不了几个钱还被人瞧不起；不识字，书报全都看不懂，只能从别人嘴里听来些零碎的新闻；结婚生子，要为一家人的生计奔波，只能将儿时的读书梦深深埋藏……

家乡穷，穷在没文化，难道还要祖祖辈辈穷下去？越是想，他越是睡不着，越是睡不着，就越是忍不住去想，如同患上心病。

△ 白方礼全家福

捐出"棺材板儿钱"

★★★★★

一想起老家的孩子没学上，白方礼几个晚上都睡不着觉。孩子们正是学习知识的好时候啊，这样天天在地里玩，太可惜了，孩子们没文化，也是国家的损失啊。

白方礼郁郁寡欢，他看不得孩子们念不起书，他不想孩子们像他一样为没有文化而遗憾，他想帮帮后生们，让他们有学上。

在老家没待住，才住了三天，白方礼就执意回到了天津的家中。

他不止一次地从柜子里翻出一个小布包。那布包，裹得细致严实，一层又一层。小心地层层打开，里面是整整齐齐的一叠"大团结"。他一张张地细数，一共是

5300 块钱，这是他靠蹬三轮车攒下的养老钱。

在 20 世纪 80 年代，5000 块钱是个什么概念呢？——那时候 200 元就可以买一台彩色电视机。白方礼攒下 5000 多元，算是半个万元户了。这些钱是他的心血，不知数过多少遍了，他就想着用这些钱养老，置备"棺材板儿"，不想给儿女们增添负担。

在又一次清点了这笔钱后，白方礼没有把布包放回柜子里，而是揣进了怀里。他暗自

△ 1990年9月1日，河北省沧县大官厅乡党委、政府赠给白方礼"助教楷模"匾

做了一个决定。

　　几天后，他把家人召集在一起开了个家庭会议：回乡看到孩子们没钱上学，太可惜了，我这辈子就攒了这 5000 块钱，我想捐给家乡的小学。我自己，接着蹬三轮。

　　辛苦了一辈子，到了该享福的时候了，怎么又要蹬车呢？那 5000 元养老钱不是小数目，攒起来多不容易……家人全都反对。

　　"我要给老家办教育。这事你们是赞成还是反对都一样，我主意已定，谁也别插杠了！"白方礼的倔劲上来了，儿女们劝也劝不动，只得顺着他的心意。

　　捐款也成了为难事。

　　白方礼又回老家找到村干部，递上自己的一沓养老钱，说明用意。一听说是老人家的养老钱，村干部赶紧推回来，说什么也不收。

　　白方礼不高兴了，他抓过村干部的手，把钱往人家手里一塞："这是我给娃娃们上学的钱，为嘛不收？"可钱又被人家塞了回来："村里再穷，也不能花了您的'棺材板儿'啊。"白贾村的村民们大多姓白，同宗同族，论辈分，白方礼算是村里的长辈了，让长辈在暮年的时候拿出买"棺材板儿"的钱给后生们，是大不敬。

　　钱被推了几个来回，最后也没捐成。

　　钱是捐定了，白方礼寻思着，得找个更合适的机会，让村里不收也得收！他想，干脆安排个像样的场合，把钱正式交给村里，把自己的意思表达清楚。现在办事不都时兴请人吃饭吗，干脆就请村干部和乡亲吃顿饭！

白方礼喊来儿女，购置了些礼物，邀请村干部和村里德高望重的长辈，一块儿吃了顿饭，席间，他郑重地掏出养老钱，提出捐助村里学校的事。"我没文化也就算了，娃娃们不能没文化，这些钱就捐出来给老家办教育了！"

村干部终于收下了这笔"教育款"，白方礼长长地舒了一口气，他觉得自己终于为家乡

△ 1992年9月9日，白方礼到北京参加颁奖典礼，他登上天安门城楼和各族代表合影

△ 烈日下，白方礼用衣服擦去额头的汗水

做了点事。

老家用白方礼捐助的 5000 元建立起"教育奖励基金"，又利用村财政支出和募集来的善款，修缮了学校的教室，请来了老师，干部们还挨家挨户把辍学的学生招呼回来上学。

不久后，白方礼被邀请来参加学校的开学典礼，鞭炮声中，校领导、村里和乡里的干部还有学校的孩子们全都出来迎接，大家将白方礼簇拥进学校，为他献上"助教楷模"的牌匾，捧着这块匾，白方礼在学校门前拍了张大照片。

学校里传出孩子们的读书声，那是他一辈子都魂牵梦萦的声音。儿时，他多么想走进学堂，读书识字；青年时，他多么羡慕那些进出校园的学生们，知书达理，出口成章；即使后来为生活而奔波，他仍做着读书梦，他渴望像文化人那样会写字、会读报纸、会算数……

养老钱捐了，资助家乡教育的心愿完成了，74岁的白方礼又回到了天津，重新蹬起了那辆陪了他大半辈子的三轮车。和以前蹬车相比，他感觉目标更亮堂，自己也更有劲了。国家要发展，孩子们就得有文化，白方礼像是在圆自己的一个梦，他还要把这个梦扩展得大大的，要让它在更多的有梦的孩子身上变成现实，不仅如此，他更想为国家分担这份教育后来人的责任。

年过古稀，白方礼开始了捐资助学的漫漫征程。

一个人的长征

→ "6年计划"

★★★★★

　　白方礼又起程了，在他 74 岁那一年。

　　和以前完全不一样，在新的征程里，他想的不再是多挣钱改善生活，心心念念的全都是如何资助教育，如何让上不起学的孩子们能没有后顾之忧地投入学习。

　　他给自己订立"6 年计划"：在 6 年中为部分基金会、中小学资助 2 万元。

　　他每天乐乐呵呵地早出晚归。邻居们见了，很是纳闷，不是已经回老家养老了吗？怎么又回来蹬车了？

　　这的确是普通人难以理解的事。起初，儿女们以为父亲支教只是一时的心血来潮，便顺着他的心意，等着过了这段时间，父亲的心思松动了，再劝他回家养老。

可过了些时日，发现"不对劲"了，父亲越蹬越高兴，心头的"热乎劲"似乎一直没降温。

一个普普通通的小铁盒似乎成了父亲的宝贝，每天回家，他都把蹬车赚来的钱仔细清点，然后装进小铁盒，在一个小本子上记好账，他常念叨着攒够了钱就要捐出去。小铁盒里的每一分钱都镌刻着他的希望。

儿女们心疼老父，开始"想办法"。

几个儿女轮流上阵，轮番做工作，有的劝他岁数大了，应该注意身体；有的劝他别再这么卖力，让邻居们议论，误解儿女们不尽孝道；有的劝他适可而止，个人力量有限，要相信国家对教育的重视……可是，"说破了嘴皮"也没见效。后来，儿女们又在三轮车上动手脚，今天拔出气门芯，明天弄断车链子，可父亲就是不动声色，把三轮车修好继续出车。

"也罢，只要他高兴就行，他每天这么忙活，自有他的奔头，总比憋闷在家里强。"在父亲的坚持下，儿女们不得不"想通了"。

为了能够更多地为教育出力，白方礼为自己规定了每月收入1000元的指标，平均到每天，就必须收入二三十元，如果当天的目标没达到，他就不回家。他每天天不亮就出车了，晚上收车却没有固定时间，家人们从来不知老人回家吃饭的时间，晚饭总是热了又凉，凉了又热。

有一年冬天，天寒地冻，外面呼呼地刮着西北风，晚上10点多了，白方礼还没有回家。虽然老人每天回家时间都说不准，

△ 无论严寒酷暑，白方礼和他的三轮车始终行进在路上

但还从来没有这么晚不回家的情况。儿子、
儿媳、女儿轮流到父亲回家的路上等，可路
上的人流越来越稀少，就是看不到父亲的人
影，几个人又分头到父亲经常等活儿的区域
去找,还是没找到。当时连家用电话都很稀罕，
更别说什么寻呼机和手机了，偌大的城市，冷

冷的深冬的夜晚，这么大岁数的老人，他到底会去哪儿呢，他会不会出了什么事？家人们几乎急疯了。

找不到人，干脆就回家等。前半夜，谁也没敢睡觉，一家人聚在一起默默地睁着眼睛，然后又商量着天一亮就去报警。

凌晨2点多的时候，家门外传来熟悉的脚步声，白方礼终于回来了。家人们记得，当时老人脸上带着笑，大概因为天冷的缘故，那笑容竟有些僵僵的，但他的眼睛很亮，闪烁着兴奋和喜悦。

进屋暖和了好一会儿，在儿女们的追问下，白方礼才缓缓地道出实情：我去武清县杨村给人送货了。

上世纪80年代的武清县，如今已被设立为武清区，位于天津的西北部，地处京津两地之间。杨村是这个县里的一个村子，距离天津市里单程大约30公里。

原来，当天傍晚，白方礼正在天津站等活儿，有个男青年要运送几箱货物去杨村，因为地方远，眼看天快黑了，担心当天赶不回来，其他蹬车的师傅都不愿意去，问到白方礼，他也犹豫了。对方一看，赶紧涨了车费，一想到因此可以多挣点蹬车的钱，白方礼应承下来，装上货出发了。临行，男青年还一再嘱咐，一定要尽快送到，对方急着用这批货。

天冷，风大，一路上，他加紧蹬，总算在晚上10点多把货给送到了，没耽误事，可他再硬朗，也是一位高龄的老人，体力跟不上了。"我蹬不动了就推着走，实在累了就停路边歇会儿，反正连推再蹬，我是回来了。"老人嘿嘿一笑："这一趟可没少挣钱。"刚暖和过来，他就又去找他的小铁盒，把当天赚的几十块钱清点好，平平整整地放了进去。

儿女们的心里酸酸的。

小女儿白金凤在街上见到过父亲蹬车的情景，那么瘦弱的父亲，弓着身，拉着乘客卖力地蹬着。看着那背影，她心里真是说不出的滋味。

日晒雨淋的，别人看着还以为是无儿无女的孤老头儿。到底为了嘛？

可父亲说："你甭管，别惦记我，我挺好的。我这样活着，我觉得特别自在。"

如今，再一次看着父亲，他的头发白了，背也驼了，他这么大年纪，受累受冻，为的正是那些他并不认识也未必认识他的孩子们，儿女们觉得普普通通一辈子的父亲是那么伟大。

靠着这股拼命的劲头，在捐资助学最初的 6 年，白方礼先后为中小学幼儿教师奖励基金会、天津市教师奖励基金、沧县大官厅乡教育基金、白贾村小学、天津市河北区及津南区教师奖励基金、北门东中学、黄纬路小学、希望工程、救助贫困地区失学少年基金、河北区少年宫等，共捐款几万元。

"6 年计划"实现了，并且是超额完成了任务，实际捐款数额远远超过 2 万元。

➔ 浓浓高原情

☆☆☆☆☆

　　只要是需要爱心资助的集体和个人，白方礼从来不偏心，他与藏族学生长达十年的情谊，直至今日，仍被传为佳话。

　　一次与红光中学学生的偶遇，让白方礼将支教的目光投向了藏族困难学生。

　　天津市红光中学是一所以藏族学生为主要生源的学校，优秀的藏区学生们被选拔、输送到天津读书、考大学，学成后贡献家乡。作为奉献社会的一项内容，每个周末，学生们都在老师的带领下到天津东站、北站等地进行义务劳动。

　　1995 年 4 月的一天，红光中学的学生们来到位于天津北站的"学雷锋基地"擦洗护栏，身着藏族服装劳动的学生引

起了白方礼的注意，正在站外等活儿的他好
奇地走过去和学生们聊了起来。

"你们是藏族学生啊？你们在天津生活
有困难吗？"

"有些来自牧区的学生家里挺困难的。"
一名学生说。

言谈间他得知，这些学生不少都来自贫

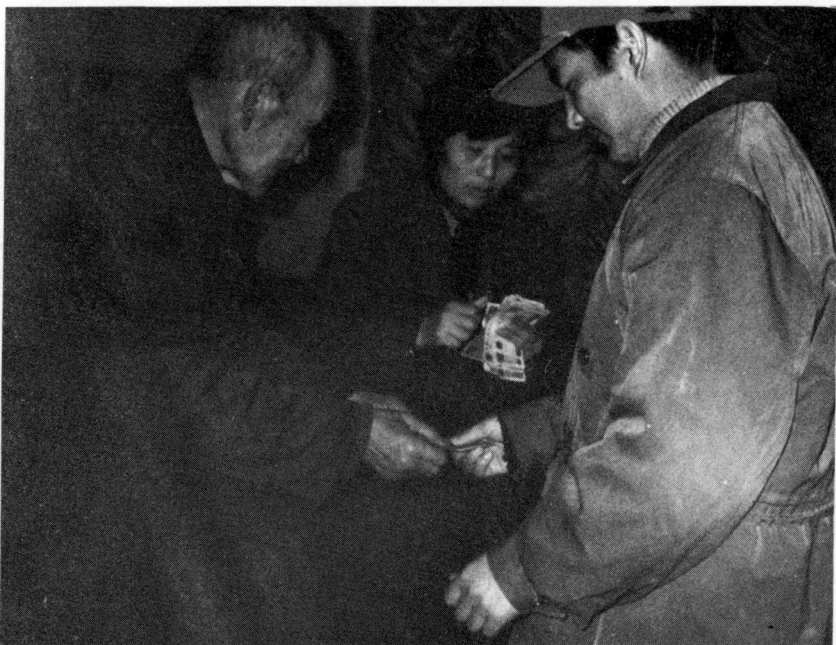

△ 白方礼亲自将支教款送到天津市红光中学，资助这里的藏族学生，时任该校工会主席的孙
玉英老师接待了他。时至今日，孙老师还会时常回忆起当时的情景

困的牧区,在天津的生活挺拮据。看着一张张闪烁着"高原红"的黑红的小脸,想到学生们还这么小就远离父母和家乡到外求学,白方礼忍不住心疼,他想为孩子们做点什么。

不久后的一天,白方礼蹬着三轮车从天津东站一路找到了位于河北区水产前街的红光中学。和学校说明来意,时任团支部书记的孙玉英老师接待了他。

没有什么自我介绍,更没有客套,白方礼诚恳又字字掷地有声地对孙老师说:"我是白方礼,我来资助困难学生,别让孩子们委屈着。"

孙玉英站在那里,有些惊讶地看着面前的老人,面容清瘦,头发灰白,目光热切,他的穿着实在普通,已经开春了,他还穿着厚厚的大外套。

见孙玉英有些犹豫,白方礼赶紧把自己如何得知学生们的情况以及此次的来意,前前后后介绍了一番。说完,他从衣兜里掏出一叠钱,推到孙玉英面前,"这是900块钱,是我蹬了一个月的车攒下来的,这些钱就发给困难的学生当生活费吧。"

孙玉英真的没想到,一位蹬三轮车的老大爷,居然有这么高的觉悟,把出大力赚的钱捐给困难学生们。这一滴一滴汗换来的辛苦钱怎么忍心收?孙玉英把钱又推回到老人面前。但白方礼的一番话打动了她:"自从上次在火车站见到孩子们,我的心就一直放不下来,孩子们多不容易啊,大老远的到天津来上学，能让他们想买点嘛的时候都舍不得花钱吗？"

孙玉英激动地代表学校收下了这笔钱，接受了老人这份温暖贵重的心意。

清点数额的时候，孙玉英愈发觉得这些钱沉甸甸的——全是1角、2角、5角、1元、2元、5元这些零钱累计起来的，一共900元。

此后，无论冬夏，白方礼每个月都来学校送助学金，每一次，学生们都会簇拥着他进门，或者依依不舍地送他走，他总要嘱咐学生们几句，都是最朴实的大白话，却打动人心："你们花我白爷爷一个卖大苦力的人的钱确实不容易，我是一脚一脚蹬出来的呀，可你们只要好好学习，朝好的方向走，就不要为钱发愁，有我白爷爷一天在蹬三轮，就有你们娃儿上学念书和吃饭的钱。"

为了能将助学款用在实处，红光中学设立了"白方礼助学基金"，孙玉英老师制定了《红光中学西藏班白方礼助学金申请表》，其中包含"评选程序"、"评选条件"，还为所有申请助学金的学生做了详细的申请记录。受资助学生的姓名、年龄、班级、家庭成员、家庭收入情况也都做了详细登记，申请受助的学生通过审核后，便可以领到助学金，助学金的发放情况清楚地记录在案，学校还定期给学生们讲白方礼的支教故事，鼓舞学生将来回报社会。

这个厚厚的"账本"，孙玉英一直珍藏着，以前她总嘱咐

△ 红光中学是一所以藏族学生为主的学校，白方礼曾连续多年资助这里的藏族贫困学生。每一次他来送助学款，学生们都舍不得他走

白方礼做个捐款记录，他总说不用，他根本没想过回报，又何必计算自己到底捐出过多少钱呢？但孙老师却都替他记得清清楚楚，因为她觉得，白方礼捐出的每一分钱里，都有他炙热的汗水和对学生们滚烫的关爱。

这个厚厚的账本，在 1998 年那年的记录开始变得稀疏，那时白方礼已经 85 岁高龄，老迈的他蹬车越来越费力，"支教公司"也停止了经营，他给学校送助学金的次数逐渐减少了。

账本里的捐款记录停在 1998 年 5 月。

仍旧是个美丽的春日。白方礼又蹬着三轮车来到红光中学，找到孙玉英。"人上了年纪，就显得老得特别快，眼见着他在过去这三年苍老了不少，体格不如以前了。"

"这钱学校一定得要，虽然我现在不景气，但只要我有钱，就一定资助学生们。"仍旧是厚厚的平展的一叠零钞，仍旧是用皮筋缠着的 900 元。

从 1995 年到 1998 年，白方礼以每人每笔 50 元的金额，累计资助了红光中学的 200 多名藏族学生，直到他们高中毕业。

完成学业回到家乡的学生们，有的做了医生，有的当了教师，但他们从没有忘记白方礼——这位在他们求学异乡时给予他们无私资助的慈祥老人。一封封写给白方礼的信，如同孩子写给父亲的家书，字字情深意切。

在一封信中，藏族学生这样表态：今日海河三九朝晖，他日高原红光普照，请党和人民看我们这一代西藏青年的行动。

白方礼影响了学生们的一生，学生们更是把白方礼的情谊带到了遥远的高原，民族团结的深厚情谊感人至深。

→ 豁出老命去

★★★★★

遍寻白方礼曾等活儿的天津站、天津西站和天津北站，如今，几乎已经找不到当年和他共事的人了，但跟站里的工作人员提起"白方礼"这个名字，不少人都知道。

在上世纪 80 年代至 90 年代那段出租车尚未兴起的年月，蹬车挣钱支持教育的白方礼是那几个区域的名人，不仅因为他的支教事迹，还因为他豁出老命的那种劲头，让人敬佩，令人心酸。

对这一点，老人的儿女们体会得最深。父亲吃过的苦，孩子们记得最清楚，不善言谈的父亲留在他们记忆里的，总是佝偻着背，吭哧吭哧蹬车的身影。

一年 365 天，无论刮风下雨，还是酷

暑严寒,他和他的三轮车全年无休。拉一趟车,3 块、5 块,为了达到每天挣够二三十元的目标,他一趟趟往返在自己再熟悉不过的路面上。

"想想那些缺钱的困难学生,我坐不住

△ 白方礼正在天津站等待乘客

啊！我还是像以前一样天天出车，24 小时待客，一天总还能挣回个二三十块。别小看这二三十块钱，可以供十来个苦孩子一天的饭钱呢！"为这，他"压榨"着自己，他只是盼望，每天能"多拉一趟活，多挣一块钱"。

炎炎夏日，路面温度高达 50 多摄氏度，烈日炙烤之下，白方礼几次从三轮车上晕倒过去；冬天的大雪铺满地面，三轮车的车把把不住，老人连人带车翻到路边；蹬车辛苦，好几次因为过度疲劳，车越蹬越慢，他坐在车上就睡着了；他常憋不住小便，棉裤总是湿漉漉的，他就垫上几块布照样蹬车；蹬车累人，他有时觉得腿脚没有力气，就蹬一趟歇一会儿；年事已高，抵抗力弱，他硬是在发烧 39 度的情况下，嘴里含着退烧药片蹬车。

"我们都不让他去啊，他说蹬车出点汗就好了。那个虚脱的汗水啊，湿透了整个衣服。"女儿白金凤说着说着就落下泪来。

儿女们印象最深的，是父亲的一次骨折。

那是一年冬天，硬朗的白方礼每天穿着大棉袄，戴着棉布帽子出车，辛苦异常。忽然有一天蹬车回来，父亲说起自己胳膊疼得受不了，脱不下衣服。

父亲的身体一向很好，为了能多挣钱支教，他即使生病也会硬扛着，从来不说身体不舒服，更没说过"受不了"这样的话。

儿女们帮父亲脱下外套，想看看老人的胳膊出了什么毛病，帮他按摩按摩。撸起袖管，这才发现，父亲原本干瘦的右臂高高地肿起，根本就不能碰。追问之下，老人才慢慢地说，几天前蹬车时，不慎摔伤，自以为没事，便一直忍着，可是几天过去，伤情加重，实在忍不住了。

儿女们赶紧把父亲送到医院，上了夹板打了石膏，又被医生好一顿批评教育："胳膊都伤成这样了，现在才来医院！"儿女们既着急又自责，觉得自己对父亲实在太粗心，可家中有这样一位"强悍"的老父，自己都不拿生病当事，又生怕家人拦着不让他出车，他怎么会让儿女看出自己的不适呢？

养病那段日子，大概是白方礼蹬车几十年中，休息最久的一段"假期"。可他人在家里，心里却急啊，天天在家里都待不住，念叨着耽误了出车挣不了钱，念叨着那些困难学生还在等着他资助的生活费……

白方礼对女儿白金凤说："我怎么不知道在家享受呢，可我哪儿能歇着啊，哪舍得花钱去，蹬一次车，赚个几块钱，是挺不容易的。孩子们还等着我的钱念书呢，我天天心里都惦记着我资助的几百个学生。"

白方礼常常把"自己没文化、嘛都不懂"这样的话挂在嘴边，但在他心里有自己的一套"生命哲学"，对于"享福"这件事，他的理解跟别人不一样：我现在就享福呢！怎么享福呢，个人愿意走这一步，这就叫享福。

→ 没有名单的捐助

☆☆☆☆☆

在天津耀华中学、红光中学、河西区少年宫等地，至今还收藏着多张白方礼和孩子们的合影。照片中，老人精神矍铄，孩子们环绕在他周围，每个人的脸上都洋溢着幸福的笑容。这些学生中，有的受过白方礼资助，完成中学学业考上大学，走上工作岗位；有的学生虽然未曾接受资助，但他们都知道老人的支教故事，有的还和他一起过六一、过生日。

如今，就像歌中唱的那样"他们已经散落在天涯"，品味着各自生活中的苦乐，那段与白爷爷共度的时光，一定珍藏在他们心中。但对于白方礼来说，"他们"是谁、叫什么，都不那么重要，他们都是"孩子们"、

"学生们"。

天津耀华中学是一所市重点中学，这里的学生品学兼优，其中部分学生的家庭经济状况比较紧张。德育处的徐启明老师记得，白方礼从1999年开始为该校的困难学生资助善款，设立"白方礼助学基金"，每次来送助学金，他都不会提前通知，只是自己悄悄地蹬着三轮车，带着钱来到学校。

考虑到学生们年龄小，学校担心如果受

△ 白方礼和天津大学的师生在一起。右二为天津大学特困生勤工俭学中心朱征平老师。朱老师常年负责特困生的勤工俭学工作，和白方礼有过多次接触，在朱老师眼中，白方礼身上充满着强大的人格力量

助学生知道助学款是一名老大爷资助的会有心理负担，因而一直没有将资助人的身份告诉他们。

耀华中学对白方礼曾在 2000 年资助的学生中的 6 人进行跟踪调查，他们全都考上了名牌大学。

毕业于天津南开大学的马壮就是受助学生之一。

在耀华中学学习期间，马壮的父母双双下岗，生活拮据，考虑到马壮的实际情况，学校每月都会对他发放助学款。直到高中毕业考上大学，马壮都没有见过资助人，当他后来得知一直资助他、帮助他完成学业的竟是一位年岁很大的蹬三轮车的老人，他的心久久地激荡。"在我心里，已经把白爷爷当亲爷爷来看待了。那份助学款，让我觉得我一直被关爱着，让我敢于憧憬未来，让我的前途充满光明。我要像白爷爷那样去帮助别人，将爱心火炬传递下去。"

对于困难学生的资助，对于国家教育的支持，白方礼毫无保留，一无所求。他从未给自己的资助次数、资助人数设立账本、整理名单。他告诉女儿白金凤，他从来没想要什么回报。

在白家的相册中，有一张照片可以说是白方礼收藏的唯一的一份"资助名单"。那是老人和他曾经捐助的 7 名高中生的合影。照片的背面写着这 7 名学生的姓名和他们考入大学的校名。

更多的资助名单不在白方礼手中。

1996 年夏天至 1999 年春天，天津的费素莹阿姨曾负责管理白方礼的捐资助学事宜，在这段时间，她替老人仔细记录了每一笔助学款的数额和使用情况，作为凭证的，是天津南开大学、天津大学、天津师范大学等学校出具的助学款接收票据。但这些，仅仅是老人捐资助学十几年来的一部分，很多捐助都没做记录，散落在不同的学校和受助单位。

除了捐资助学，白方礼还十分热心公益事业，在费素莹保存的这份捐款明细中还记录有周邓纪念馆指挥部、天津市养老院、儿童福利院、孤老户以及受灾地区等捐助情况。

这是白方礼在世时，接受记者采访时的一段对话：

记者：您捐了多少学生您还记得吗？

白方礼：不记得了。

记者：没钱的学生拿了您的钱上学了，然后毕业了、成才了，您高兴吗？

白方礼：高兴，高兴极了。

记者：您最高兴的事是什么？

白方礼：最高兴的……捐钱，往外拿钱。

记者：您捐了多少钱给学生，给公益事业，您自己有数吗？

白方礼：钱啊，有多少啊，没有数，我的钱（指赚的钱）也没数，我捐的钱也没数。

记者：您捐钱给困难学生，您对他们有什么要求吗？

白方礼：我就要求他们回去好好地为国家做工作，好好做人，为国家做贡献，只要他们往好的方向走，我就是不吃不喝，也得支教去。

成立"支教公司"

81岁当上"董事长"

★★★★★

1994 年，白方礼 81 岁那年，他把整整一个寒冬挣来的 3000 元辛苦钱捐给了一所高校。校领导激动地说，我代表全校 300 名贫困生向您致敬。

嘛! 300 名! 这么多困难学生? 现今缺钱上学的孩子这么多，光靠我一个人蹬三轮车挣来的钱帮不了几个娃呀!

每次捐完助学款回到家，白方礼都是兴高采烈的，可这一次，儿女们发现父亲的情绪不那么高涨，沉默不语，若有所思。

那天，白方礼的心被校长无意间的

一句话深深地触动了，那么多困难学生啊，一个人的力量真是太小了，他得想办法，让更多人来关注教育，让大家一起使劲。

琢磨了一夜，第二天一早，白方礼又把儿女们叫到一起召开了家庭会议。

白方礼对儿女们郑重宣布："我准备把你们妈妈和我在家乡的那两间老屋给卖了，再贷点款办个公司，赚钱支教。"

儿女们睁大了眼睛，以为父亲是在开玩笑，直到老人一再强调"开办支教公司"，几个人才半天没吭声，他们没想到，耄耋之年的父亲，竟能想到这么"新潮"的主意。

办公司要有经济基础才行，更何况是一位高龄的普通老人要办公司，没有积蓄，就只能卖房，这可是要搭上"老本儿"啊，万一赔了，老人不得急坏了。何况，家乡的老屋也算是父母的情感寄托，儿女们怎么忍心让父亲亲手断了这最后的念想？可是，就算几个儿女一起凑，也凑不够这开公司的钱啊。

白方礼这是下了破釜沉舟的决心："嘛也甭说了，你们开口支持我办支教公司比给我买吗嘛都强！"

为了获得市里的支持，不会写字的白方礼特意托人给市领导写了一封信，恳请领导能同意他开支教公司。令人欣慰的是，市领导在了解了白方礼的支教事迹后，满足了他的心愿，在天津站前广场给他特批了一小块地盘。

1994 年 4 月，一个占地几平方米的流动车停在了天津站前广场，挂着"白方礼支教公司、食品服务部流动车"的条幅。全国首家"支教公司"——天津白方礼支教公司宣布成立，主营水果、特产、百货。开办公司的本金就是卖掉白方礼老屋的 2 万元和 8 万元低息贷款。作为办公室和休息室的就是流动车旁边架起的一间占地 7 平方米的铁皮小屋，上面

△ 1992年10月18日，白方礼正在天津站广场等待乘客，小红旗上写着"军烈属半价，老弱病残优待，孤老户义务"，条幅上写着"支教模范白方礼为全国人民服务"

挂着南开大学赠送的"无私资助志在其才"铜匾，让这间简陋的小屋显得金碧辉煌起来。

白方礼的支教路更宽敞了，他感谢市里的支持，决心要把公司的账目打理得清清楚楚。为了实现账目"透明"，他特意给公司聘请了会计。

公司开业第一天，"董事长"白方礼给雇员们开会表态："我们办公司要规规矩矩挣钱，挣来的钱姓'教育'，所以，有一分利就交一分给教育，每月结算，月月上交。"

由于地理位置好，来往的旅客不断，又是全额支教，支教公司的知名度越来越高，大受欢迎。支教公司成立的前四个月就盈利3万余元，白方礼用这些钱为天津市河北区的11所小学购置安装了200个遮阳罩。

在此后的几年中，支教公司的规模逐年扩大，发展到十几个摊位连成了一片。

那是支教公司的鼎盛时期，每月去除成本、员工工资和上缴的税款，还能余下近1万元的利润，他把这些钱全都捐给了天津南开大学、天津大学、天津师范大学、耀华中学等学校的困难学生。

"我现在是有国无家"

★★★★★

支教公司越办越好，白方礼捐出的助学金也越来越多，但出乎儿女们意料，这丝毫没有改变父亲蹬三轮车的生活，老人把支教公司交给他人打理，自己照样天天出车拉客人。继续吃苦，不肯享福，他的理由却是那么简单："我哪懂得做买卖，继续蹬我的车，还能挣回几十块钱！"

为了在车站前拉活方便，又能时不时去照顾一下支教公司的生意，白方礼索性搬进了流动车旁边的铁皮小屋。

7平方米的小屋里没有柜子，所有物品都放在地上和一个大纸箱中，白方礼用砖头搭上一张一人宽的木板，给自己安了张"床"，屋顶的接缝处露着一道道青天。

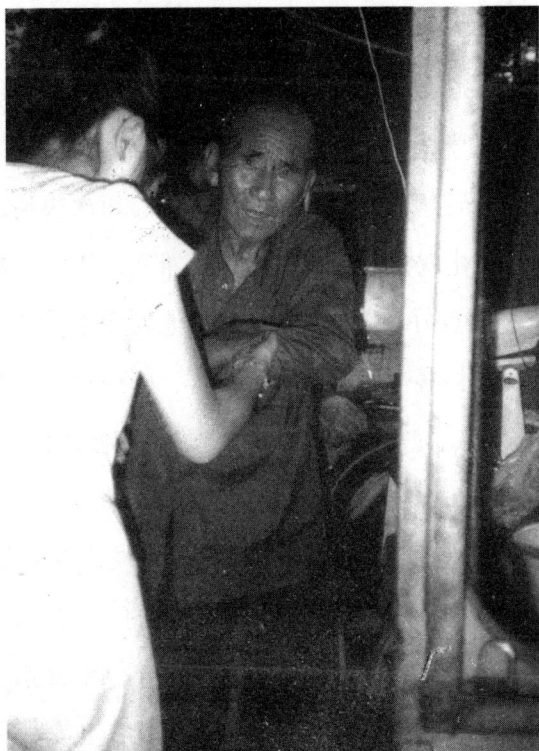

△ 白方礼的铁皮小屋狭小闷热，两个人站在里面就难以容身

夏天，小屋里的温度高达40℃；冬天，放杯水可以冻成冰坨子；雨雪天气，被褥都是潮湿的。白方礼吃住在小屋里，每天到天津站附近的5路公交车总站打开水喝，司机们都认识他，都给他行方便。

他每天最快乐的事，就是蹬了一天车后回到小屋，问问支教公司的经营情况，然后抱着他那个小铁盒往里数钱。

他每个月最快乐的日子，就是蹬着三轮车去学校捐钱。不同的学校，送助学金的日期不同，白方礼从没有记错过。

曾在支教公司担任会计的许绣香记得，每次快到送助学金的日子了，白方礼就会催促她提前做好准备，哪所学校、送去多少钱，都要打点好。送钱日期一到，他就蹬上三轮车，载着许绣香，一起去往各个学校，喜气洋洋，好似过年一般。按照自己预定的金额送完助学金后，他都要高兴地说上一句"这个月又完成任务了"。

"这老爷子怎么像个没家的人……"白方礼住在铁皮小屋里，24小时待客，生活很是清苦，不了解内情的人，难免心生疑义。

老人的儿女每天都要到铁皮小屋来看看，对父亲的生活放心不下，更承受着误解和指责。不知多少次，儿女好言好语劝父亲搬回家里住，对老人也方便照顾，每次都是碰了一鼻子灰。

蹬着三轮车闯荡了一辈子的白方礼，骨子里有一种大义与情怀，国家与社会在他心目中有头号的位置。"我这身体硬棒着呢，不用你们照顾。我现在是有国无家，为了大家舍了小家，为了能给孩子们多挣钱，眼下就住这儿了！"

这一住，就是整整五年。

这五年是怎么过的？

聊起这个话题，儿女们总忍不住眼眶湿润。一位老人家，委身在7平方米的小屋里，躺着木板床，枕着用塑料袋裹上海绵做的简易枕头，午饭是馒头、咸菜、酱油水沏汤；日常穿的衣服多是捡来的、打补丁的。

心疼老父亲，儿女们轮流给他送饭，在那样一间夏天漏雨、冬天灌风的小屋里，他却还劝儿女们："我过得好着呢！"儿媳妇给他做了棉被送过去，他特别开心，连称暖和，可过了没几天，连同这棉被，以及家人送过来的雪地鞋、羽绒服，就都被他送给了困难学生。

最朴素的生活习惯，白方礼一生未变。洗脸水都要早晚洗两次，才肯倒掉；无暇照

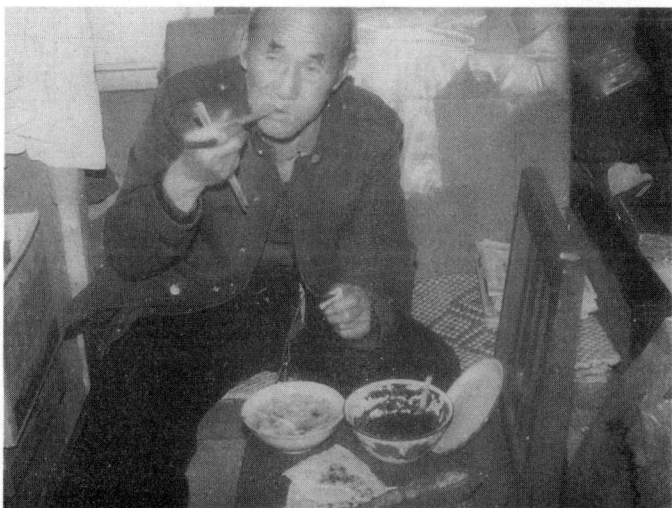

△ 在白方礼的"铁皮屋"中，椅子当桌，大饼卷油条是主食，大葱沾酱是配菜，最后再来一碗馄饨。蹬三轮车运送客人可是力气活，不知道这顿简单的饭菜能否支持他到晚上

顾家里，却不忘叮嘱儿女保持一贯的规矩：包饺子和面前，要把面粉过秤，避免因为馅少、面多而浪费；剩饭剩菜必须吃光，不能扔掉；无论家里有什么消费，即使是一包大料、一盒火柴，也要记入账本。

白方礼像一个坚守战斗高地的战士一样坚守着他的勤俭作风，坚守着他支持教育的追求。奉献，让他放大了喜悦，忽略了艰苦，让他获得更多的理解和尊敬。

→ "吝啬"的老头儿

★★★★★

蹬三轮车的白方礼当上了支教公司的"董事长"，但每一个见过他的人都会心酸，捐资助学时，他那么大方，但他对自己却又实在太吝啬了。

不少在天津站附近生活过或工作过

的人都会记得，有一位头发半白的三轮车夫，常穿着很不"体面"的衣服，风餐露宿。那个人，就是白方礼。

一年四季，他从头到脚穿的总是不配套的衣衫鞋袜，那都是他从路边或垃圾堆里捡来的。

一说起这件事，家人总是忍不住"来气"，多少件崭新又合身的衣服啊，儿女为他买回家，他却舍不得穿，夏天的时候就爱穿肥肥大大的"老头衫"；到了冬天，穿在里面的秋裤、毛裤，穿到破了大洞，还要缝补；看到人家扔掉的旧衣服，他就捡回家，洗干净了穿上，破袜子也要捡，让儿媳给补好；就连穿的鞋子也经常不是一对儿，鞋带总是两个花色——都是他自己配成一对儿的。

儿女们都知道父亲一辈子没在什么爱好上花过钱，唯一好的一口儿就是喜欢吃炖肉，吃不到肉就馋得慌，只要家里条件过得去，就一定会炖肉给父亲解馋。可是，自从老人74岁开始支教，基本就没沾过肉，还劝家里少买肉，省点钱。

尤其是在铁皮小屋里居住的那几年，白方礼从不下馆子，平日的饭菜基本没有肉，吃的东西经常是大葱蘸酱、白饭咸菜、酱油汤，喝碗馄饨就算是改善伙食了，馋得厉害了，就在晚上睡觉时往嘴里放一点肉丁，含着，品品滋味。

更令人想不到的是，有退休金，而且还能自己蹬车挣钱的白方礼，为了不浪费粮食，居然还当众捡过别人扔掉的馒头吃。

见到这一幕的路人有的对他指指点点，有的干脆围过来笑话他几句，白方礼一边嚼着捡来的馒头，一边慢悠悠地说："这有嘛苦？这馍是农民兄弟一滴一滴汗换来的，别人扔了，我把它捡起来吃了，不是少浪费些么？"简简单单的几句大白话，把周围的人说得满脸愧色。

儿媳许秀芹记得，有一年，元宵节刚过，公公提着一个大塑料袋回了家，让儿媳给蒸"糖馒头"。蒸糖馒头要用糖做馅，家里明明有糖，公公这是提回了什么？

原来，是老人从食品厂附近路过时，把厂家扔掉的元宵馅捡了回来，山楂馅、豆沙馅都混在一块儿。家里人劝也不管用，最后只能顺着老人的心思，给他蒸了几个"糖馒头"。

捡回来的吃的，白方礼有时会从中挑拣好的给家人。

"小芹，我择出一个好梨！"一次，白方礼捡回一堆烂梨，坏了的地方用小刀削去，自己吃掉，唯一一个好的，他惊喜地递给儿媳。儿媳接过公公递过来的梨，既感动又心酸，一小口一小口细细地嚼。

可有时，老人还往家捡坏了的东西，不许家里人扔掉，谁扔跟谁急，他要留着自己吃。有一次，白方礼又捡回一袋子面包，说是留着吃早点。儿媳打开袋子一看，全都发霉了，她又不敢扔掉，只能求助邻居赵大娘劝说公公。

赵大娘是白家的常客，经常来白家串门、帮忙，有时也被白方礼的儿女们请来当"救兵"。那一次，真是好一通劝，白方礼才同意扔掉发霉的面包。

△ 岁月和辛劳在白方礼的脸上雕刻出一道道沟壑

　　要说起老人的"吝啬"，连他的孙子和孙媳妇都是见证人。孙子小的时候，只要考试成绩好，从爷爷那里获得的总是"口头表扬"，只有一次，爷爷给了孙子5角钱当奖励，表扬他考试得了100分。直到今天，说起这5角钱，仍是记忆犹新——那是爷爷唯一一次给他"现金奖励"。

　　后来，白方礼的孙子长大成人，立业成家，孙媳妇刚过门，就亲眼见着老人大冬天的早上喝凉粥，问他为什么不加热，他说："粥已经坏了，一加热，馊味就出来了。"

对自己如此勤俭、节省，甚至吝啬，白方礼只有一个目的，那就是使劲攒钱，多多支教。

对自己这样"压榨"，把生活过得那么艰难，苦不苦？累不累？难道是像有些人曲解的那样"捐钱上瘾"？还是像有些人揣度的那样"为了成名"？

普普通通的白方礼和我们每个人一样，在被误解时，会心生委屈。

红光中学的孙玉英老师因为每次都亲自接收白方礼送来的助学金，很快就与老人熟识起来，把他当自己的父亲一样看待，给他买好吃的，买新衣服，组织学生们去看望他。

白方礼告诉孙玉英，他爱吃肉，还爱吃海鲜，可是自己是越来越舍不得了，蹬车支教这些年，他干脆不吃肉、不吃鱼、不吃虾，也不买新衣服，省下钱来给贫困学生，他们都是好孩子，等中学里的困难学生毕业后，还要资助他们上大学。

南开大学的不少老师都记得白方礼在助学金发放大会上说的话。"我这样一大把年岁的人，又不识字，没啥能耐可以为国家做贡献了，可我捐助的大学生就不一样了，他们有文化，懂科学，说不定以后出几个人才，那对国家贡献多大！"

那一次的助学金发放大会，学校要派车去接白方礼，他说不用了，把省下的汽油钱给穷孩子买书。他自个儿蹬三轮车到了学校。捐赠仪式上，老师把这个事一讲，台下的学生都落泪了。

许多学生上台从老人那里接过资助的钱时，双手都在发抖。

一位来自新疆地区的贫困学生，功课优秀，没毕业就被天津一家大公司看中，拟以高薪聘用。这一天，他走上台激动地说："我从白爷爷身上感到了一种前所未有的精神和力量。我正式向学校、也向白爷爷表示：毕业后我不留天津，要回到目前还贫困的家乡，以白爷爷的精神去为改变家乡面貌做贡献！"他向白方礼深深地鞠了一躬。台下掌声雷动，老人高兴得流下了眼泪。

白方礼曾对他的老友动情地说："我过得

△ 孩子们给白方礼戴上红领巾，围在他身边听他讲支教故事，这对于白方礼来说，也是最幸福的时刻

是苦，挣来的每一块钱都不容易。可我心里是舒畅的。看到大学生们能从我做的这一点点小事上唤起一份报国心，我高兴啊！"

怎么节约，他就怎么过，什么省钱，他就吃什么，每一分助学金，几乎都是他从牙缝里省出来的："我吃什么呀，我嘛东西都吃。嘛东西省钱、节约，吃嘛。"

一颗太阳般的心，跳动着他对国家、对教育、对困难学生的火热的情！所有的诋毁、猜忌都不得不在这份炽热的情感面前融化、烟消云散。

→ **"徒弟拉我来支教"**

★★★★★

在天津站、天津西站等地，由于白方礼是那里年纪最大的三轮车夫，又是支教公司的"董事长"，他的知名度越来越高，不少到天津的旅客慕名乘坐他的车，有些回头客一出火车站也是专找他的三轮车。

有些乘客心疼他年纪大了，又是全额支教，下车时想要多给他一些车钱，他从来都是断然拒绝：多给一分钱我也不能要，支教的钱也要挣得公平合理。

白方礼很是好客，每次蹬车拉着到天津的旅客去目的地，他总会当起义务导游，天津哪里好玩，什么好吃，可以买哪些特产，白方礼总是一一细数，用天津方言说的俏皮话，逗得车上乘客喜笑颜开。有时，遇到有乘客问他为何这么大年纪还出来蹬车，他便将自己支教的事告诉对方，鼓励乘客要支持国家教育事业。

而不管乘客提出什么样的要求，他总是尽量满足，即使遇到讨价还价，他也是能少收钱就少收，力求让人家满意，从未跟任何人闹过别扭、翻过脸。所以，乘客每每到了地方，总是忍不住送给老人一些临别赠言。

句句温暖人心的话语，以及对他支教事迹的感想，让没读过多少书的白方礼感到暖融融的，恨不得把这些话一句句都记下来。

为此，白方礼购买了一个小本子当作"留言簿"随身携带。于是，乘客们将赠言和感悟写在他的本子上，留言越来越多。

有一次，白方礼蹬车拉了一对从外地来津的母子，下车时，年轻的妈妈在留言簿上留言时，写明自己是一名烈属。得知女

成立"支教公司"

乘客的家人为国家献身，白方礼非要收人家一半的车钱。"我就是个蹬车的，卖大力气的，比不上为国捐躯，我少收你的车钱，就是为国家做贡献了！"

白方礼意识到，自己蹬车，不能仅仅为教育、为公益事业，还要为那些为国家做过贡献的默默无闻的人，为那些自强不息的残疾人。他要把他的爱播撒得更远，温暖更多的人，他得更卖力！

没过几天，白方礼的三轮车车把上插上

了一把小红旗，上面印着：军烈属半价、老弱病残优待、孤老户义务。这样的小红旗，他找路边的小店做了好几面，用旧了一面，就再换上一面新的，小店的店主感动于老爷子的善心，特意没有收钱。

都是蹬车赚个辛苦钱，怎么你的活就比我们多，这下又弄个"半价、义务"，我们都不用养家糊口了？个别同行不太高兴。

白方礼不紧不慢地劝解："我挣钱不是为了自己，是为了支持教育，给困难学生挣学费、生活费，一趟活少赚点，多跑几趟。再说了，买东西还货比三家呢，花钱坐三轮车不也是一样，谁的价格便宜、服务好，客人就愿意坐呗。"

一日，白方礼"抢"了人家的活儿。

一名刚出火车站的乘客想要找辆三轮车，一名蹬车的年轻人迎了上去。可是一来二去，双方在价格上没谈妥，乘客迟迟不肯上车。

白方礼推着三轮车凑了过去，问清了乘客要去的地方，喊出一个便宜的价钱。乘客很满意，想都没想就坐上了车。

乘客被抢了去，眼看着到手的钱没赚着，年轻人当然不高兴，白方礼刚要起步，就被一把拦下，拽着他就是不让走。

可这是明摆的道理。——你的价钱贵，我的价钱便宜，乘客当然愿意坐我的车，而且，要去的这趟路没这么远，你还要这么高的价儿，你这是嘛？你这是坑人！

围观的人全都听明白了，纷纷指责年轻人做黑心买卖。

年轻人血气方刚，脸面上过不去了，他恼羞成怒，二话没说，挥起拳头冲着白方礼打了过去，这一拳正中老人的左眼。

"哎哟"一声，白方礼被打倒在地，捂着眼睛半天没起来。

活儿没拉成，他被送进了医院，医生诊断是眼底出血。那名年轻人被周围群众团团围住，送到了天津站的管理部门。

站里的工作人员气坏了，对着年轻人就是一顿批评："你知道你打的是谁吗？你知道这白老爷子多大岁数吗？你知道他蹬车为了嘛？人家是蹬车攒钱给困难学生捐款，给国家做贡献啊！可你干了嘛？我们都恭着敬着这位老爷子，你敢跟他动手！"

当天，年轻人就提着水果赶去了医院。

一进门，看到受伤的白方礼，年轻人又是道歉又是检讨，说着说着竟羞愧地哭了起来。

白方礼挥了挥手，年轻人，就是爱冲动，下回可记着，不许再动手打人。哭嘛，下回改了就行！

年轻人当场提出要认白方礼当师傅，以后要跟师傅一块儿支教。

白方礼不计前嫌，当场将年轻人收为徒弟，学的不是蹬车，而是做好事、支持教育。小徒弟经常蹬车拉着白方礼去学校送助学金，还用自己攒下的钱资助了困难学生。每次跟人介绍起跟在自己身边的年轻人，白方礼总是满脸骄傲。

1996 年，徒弟蹬车拉着白方礼来到天津师范大学，将1000 元助学金送到了高悌校长手中，白方礼又忍不住夸起自己的徒弟："这是我徒弟，是个好孩子，跟我一块儿支教呢！这次的助学金里，就有他捐的钱！"

那一拳带来的伤痛，白方礼再也没有提起过，好似从未发生。但有个秘密被他埋藏起来，除了家人以外，鲜有人知——正因那一拳，白方礼的左眼落下病根，直到去世，仍旧看不清东西。

在白方礼看来，年轻人都像他的孩子一般，即使犯了错，只要认识到错误，就应该获得改过的机会，就应该被原谅。误解、委屈、不公，在他宽容的胸怀里，变得微不足道。

→ 被"上面"重视了

★★★★★

高龄老人，为了支持国家教育，帮助

△ 1994年3月29日，白方礼接受记者采访

困难学生，风里来雨里去地蹬车，这样的事，媒体怎么会不知道？

其实，从 1988 年开始，就已经有媒体记者开始关注白方礼，追着他采访。有时，白方礼蹬着车，新闻记者就在一旁跟着小跑，问这问那，还会举着相机给他拍照。可每次都被白方礼撅回去。不少记者都知道，白大爷是个不愿意配合采访的老爷子。

"我嘛不会说，不就是蹬车嘛，不就是开个'公司'嘛，我有嘛可报道的？你别费工夫了，快去报道别人吧……哎，你别拍了，你耽误我蹬车了！"有时，着急起来，白方礼会皱着眉跟记者嘟囔几句。

尽管如此，白方礼的支教事迹，还是通过各种途径被宣传出来，他的名字和支教事迹被印成铅字见诸报端。

苦恼的白方礼去找自己的老友杨俊玉发牢骚。

杨俊玉比白方礼小20岁，是他的老领导和忘年交，一直是他最信赖的朋友，连他的名字都是杨俊玉一笔一画教他写的。有什么心里话和想不通的事，白方礼就愿意跟有文化的杨俊玉念叨，他总能给掰扯出道道儿。

支教是做善事，是光荣的事，是帮国家的忙，要是大家都跟你学，都来支教，不就有更多困难学生没有后顾之忧、安安心心念书了嘛，国家现在不就应该多出几个你这样的榜样嘛！

杨俊玉的一席话一下子把白方礼说醒了。只要自己能照样支教，只要大家都像自己一样支教，那不知能培养多少人才呢！

白方礼的思想转变了，他配合记者采访了。他渐渐成了"名人"，继而被"上面"重视了！

全国及市区级奖项纷至沓来。白方礼被树立成天津的优秀支教典型，事迹被上报到中央和市里，他得到了江泽民、李鹏、李瑞环等领导的称赞和接见，被授予"全国支教模范"、"全国老有所为精英"。

白方礼不知该如何感谢国家对他的关怀和鼓励，竟买了一包大枣寄给中央。

儿子白国富还清楚地记得当初的情形。有一天，父亲蹬车回家，提了一麻袋大红枣，一个一个地挑，从里面挑出最大的，装进布兜里，一问才知道，他是要请国家领导吃枣！白国富觉得又惊讶又好笑，领导能收到您寄的枣吗？就算收到了，全国人民都跟国家领导表达心意，领导吃得过来吗？

白方礼不理会儿子的话，固执地跑到邮电局查询地址，将枣寄到了北京。结果，过了没多久，竟然收到了中央的回信："您寄的枣我们收到了，领导感谢您对国家做的贡献，感谢您的大枣……"

"出名"后的白方礼多了"做报告"的机会。他不会写字，没办法写草稿，于是，每次去做报告之前，他都一遍遍地重复自己想说的话，直到全都背下来为止。

这个为了吃饱饭而从贫困村子逃难出来，辛苦蹬车一辈子的三轮车夫，激动地站上了演讲台。他讲自己的穷苦出身，讲新中国给他带来的好日子，讲支教故事，讲支教路上遇到的热心人，讲困难学生的生活……他的心里常怀感恩，总觉得自己做的事情微不足道却受到国家领导的关怀。"我嘛都没干，又让'上面'重视了。"

每次去学校、企业等地方做报告、开座谈会，白方礼都穿上他那件胸前挂满奖章的蓝布衣服，很旧了，但从没有一丝污渍，这是他最喜欢的、穿得出去的行头，平时舍不得穿。

尽管平时穿着朴素，甚至可以说是寒酸，但白方礼的心里却是明明白白，在外蹬车风餐露宿，穿得破旧点没关系，但只要是开大会讲话，他必须得穿得干净利落，那是对大家的尊重。

1996年9月10日的《天津日报》上有这样的新闻报道：中国个体劳动者协会组织的"光彩的足迹演讲团"莅津，白方礼将作为天津市的优秀个体劳动者代表登台演讲，此后还将赴外地参加巡回报告会。

有趣的是，9月13日，白方礼刚做完报告就不见了。临走前，他告诉记者,怕误了蹬车,

△ 1992年11月16日，白方礼在支教报告会上

△ 作为全国支教模范，白方礼的事迹成了大家身边最生动的教材，这是他在一次"助教兴国"报告会上

他放弃到外地参加巡回报告会，刚才做报告那段时间，他少挣的钱，得马上去挣回来。

在天津市河北区档案馆，珍藏着多盘白方礼在报告会上发言的录音带，年代过于久远，录音带已经老化，声音模模糊糊，但有一句最清楚，也是他最常说的：

"我是劳模，嘛事就得多为国家做点事，多做点贡献……"

别了，支教公司

→ "绝不能当钉子户"

★★★★★

从一个小摊位发展成十多个小亭子的支教公司，红红火火地经营了五年，正是它的存在，支撑着白方礼不间断地资助了众多中小学和高校的困难学生。一批又一批学生，靠着支教公司提供的助学金完成了学业，走上工作岗位，贡献社会。

然而，终有一天，支教公司的命运让白方礼感到了无奈。

1999 年，天津站进行站前整顿，根据市里的要求，广场上的所有摊位和商亭都要进行清理，其中包括白方礼的支教公司。

顿时，支教公司几乎成了天津站周边商亭关注的众矢之的，大家都想看看，这个由市领导特批的"公司"是不是会搞特殊，"董事长"倚老卖老也说不定?!

一点点发展壮大的支教公司面临着被拆除的命运，无法想象，白方礼的心里曾经历怎样的挣扎、为难和忧心。可他又怎能不为难、不忧心?支教公司是他继续支教的经济支持，没有了支教公司，助学款的捐助就可能中断。

距离全部整顿拆除的日子越来越近了。每天，按照目标挣够了几十块钱，回到自己蜗居的铁皮小屋，白方礼总忍不住寻思：当初我要办支教公司，国家支持我，给我划最好的地方开公司，还树立我当榜样，评选我当劳模，如今，国家要整顿天津站，需要我的支持，我怎么能给国家拖后腿?

劳模白方礼，狠下心来，拆!带头拆!不能让国家为难，绝不能当钉子户!

在规定的日期，白方礼给所有商亭带了头，他要求第一个拆除他的支教公司。

动工前，白方礼让负责拆除商亭的工作人员们稍等片刻，老迈的他和支教公司依依惜别。

他缓缓地从第一个小亭子，走到最后一个小亭子，粗糙的手轻轻抚过，目光停在"白方礼支教公司"的条幅上，再见了，支教公司，过去五年的支教历程中，你是大功臣啊……

"拆!"白方礼一声令下。

伴着一阵噼噼啪啪的杂乱声，扬尘散去，转眼工夫，昔日的"白方礼支教公司"变成一堆废墟。

站在远处的白方礼，忍不住哭了。他老了，腿脚没劲了，每天蹬车时越来越觉得体力跟不上，没有了支教公司，还怎么挣钱给困难学生读书呢？他，没了指望。

眼下，只能再想其他的支教办法，总不能对着被拆除的一堆废墟长吁短叹。

白方礼解散了公司的工人，给工人们最后一次发了工资，一一道谢，又变卖了仅剩的一些值钱东西，清算了公司的财务，再加上自己蹬车一个冬天攒下的钱，一共2万元。这2万元，他又分别捐给了几所学校。没给自己做任何打算。

白方礼一直蜗居的那间7平方米的铁皮小屋，是支教公司仅剩的家当，被他转移到天津站附近一条很偏僻的小马路上。墨绿色的铁皮，很多地方已经掉了漆，里面也未做任何改造，仍旧是木板搭的床，露着缝隙的屋顶，小屋里挂着市里颁给他的一块金色的金属奖牌。

同样被他转移的还有南开大学同学们赠送的"无私资助志在其才"铜匾，他把铜匾擦干净，挂在铁皮小屋的门口，固执地证明着支教公司的存在。仅有的业务，是在他蹬车空闲时卖些香烟、饮料。

支教公司都拆了，还守着个小屋干什么？儿女们五次三番地去铁皮小屋里看望父亲，请他回家住。白方礼不肯，非要住在小屋里，翻来覆去念叨的仍是"支教"。儿女没辙，为了让父亲吃得营养，他们每天往返家和铁皮小屋，给父亲送去热乎的饭菜。可就连这，也让白方礼拒绝了，或许是不想儿女看到自己如今的狼狈。

地点偏僻，这间小屋，并不安全。

有时，赶上白方礼外出蹬车，收废品的人会撬开屋门，席卷些东西走，没用的就从屋子里扔出来。有几次，白方礼回来，与他们碰个正着，便一面怒骂着抢回他的奖牌，收起被扔出屋外的东西。

晚上，不通电，没有灯，小屋里漆黑一片。白方礼抱着他的奖牌枯坐在木板床上独自落泪。

是什么支撑着风烛残年的白方礼固执地坚守在这一方小屋里？连他的儿女都不知道。只有一次，他对来看望自己的远房晚辈说起：他最大的梦想是把支教公司办大，用赚来的钱建一所小学，让家庭困难的孩子都可以来免费读书，他不想看到任何一个孩子没文化。

至于坚守铁皮小屋的那份固执，其实源于一份朴素又天真的情怀——小屋承载着他建一所"白方礼小学"的梦想，小屋在，支教公司就在，就一定还有办大办好的一天！

➡ 他的"糖"

与白方礼那段忘年的情谊，杨俊玉一辈子不会忘。

白方礼从河北区运输场退休后，在个体三轮社补差，时任个体劳动者协会负责人的杨俊玉在工作中与白方礼相识，两人成为忘年交，有文化又会讲道理的杨俊玉通常只要说上几句话，就能让固执的白方礼活动心思。

没上过学的白方礼最仰慕有学问的人，认识杨俊玉后，他第一次学会了写自己的名字。谁能想到，一位老人会在蹬三轮车之余，像个小学生一样，一笔一画学写字呢?

最初学会的都是最常用的字:你、我、是……虽然字体不那么好看,但每一个字都写得认认真真、规规矩矩。

白方礼感谢杨俊玉,让不曾进过学堂的他,竟然也学会写几个字了!可是,该怎么感谢呢?

在认真练习了几天之后,有一天,白方礼在工作之余将杨俊玉拉到一边。铺开白纸,

△ 回家养老后,一只小黄莺成为白方礼的伙伴

白方礼工工整整地写道：

"我是白方礼。你是杨俊玉。你是我的老领导。"

这是杨俊玉收到的最珍贵、最朴实的一份礼物。从此，他们更加无话不谈。白方礼称杨俊玉"俊玉"，杨俊玉喊白方礼"老白"。

白方礼74岁正式退休后，开始蹬车支教，为了对他予以支持，杨俊玉将白方礼一直蹬车运货的"北站出租37号"三轮车特批给他当作载客出租使用。

白方礼支教公司被拆除后，杨俊玉到支教公司的旧址去找过几次，都没见着白方礼的踪影，杨俊玉放心不下，但他知道，如果老白有事，一定会主动找他的。

支教公司被拆除月余，白方礼却一直没有露面。

忽然有一天，家住天津站附近的杨俊玉出外办事后正往家走，听到身后有人喊他的名字："俊玉，俊玉……"

杨俊玉转身看去，一位苍老枯瘦的老人，正探着身望向他。这个人是谁？杨俊玉一时竟没认出来。

"是我啊，俊玉，我是老白。"对面的老人再次开口了。

是老白？杨俊玉走过去仔细辨认，真的是老白！杨俊玉错愕地愣在那里，他不敢相信，面前这个已经瘦得脱了形的老人是与他再熟悉不过的白方礼。

"支教公司停了，我舍不得走，剩下的钱都捐了，我几天没吃饭了。以后,我也没法定期资助学生了。我、我不想活了。"见到老朋友,白方礼愁苦着一张脸,心中的无助倾泻而出。

那天,杨俊玉把白方礼领回了家,让老伴做了一桌饭菜,又给老白换上干净的衣服。在换衣服的时候,老白的口袋里掉出几块糖,他把它们捡起来,有些局促地看着杨俊玉:"前些时候,学生们来看我时送给我的,这几天,我兜里没钱吃饭了,就靠这些糖充饥。"

杨俊玉的眼圈红了。86岁的老人,操劳一生,为了支持教育,放弃舒适的晚年生活,为了不给市里的建设拖后腿,带头拆掉支教公司,而他用来充饥的,竟是几块水果糖!老白的心,有多坚强!可这么坚强的人,居然说'不想了',他是有多难、多无助啊!

在杨俊玉的记忆中,那段日子,是老白支教以来,情绪最低落的一段时间。杨俊玉,想做他的"糖"。

1999年,白方礼支教公司被拆除后的第一个冬天,杨俊玉把白方礼安顿在自己家中,家里的炉火烧得旺旺的,可他知道,最需要温暖的，是老白的心。

杨俊玉给老白做思想工作："你支教是对的，响应市里号召也是对的，你不许想不开，你要保证给我活到 100 岁！我还等着你把支教公司给我办大、办好！"

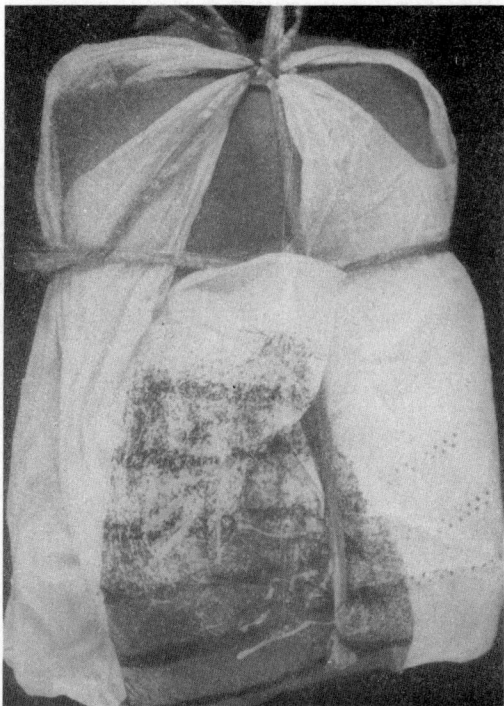

△ 这是白方礼支教期间使用过的枕头。在一个塑料袋里放些海绵，再用尼龙绳捆起来，枕在头下沙沙地响

能多捐出助学金固然好，但支教公司没了，就算捐的钱少了，学校也不会嫌弃，重要的是，怀着一颗支持教育的心，还可以用行动带动更多人贡献自己的力量！

在杨俊玉家休养了一段时间，白方礼的身体逐渐恢复，在老朋友的开导下，他的心也豁然开朗。

他又蹬上了那辆跟了他大半辈子的破旧的三轮车。

白天，白方礼继续蹬车载客，晚上，他在天津站附近帮人看管自行车夜间停车场。

一个用塑料薄膜和编织袋搭起的半人高的小棚子就是他的栖身之所。有时，列车在夜间停靠天津站，附近的公交车已经收车，旅客又找不到载客的三轮车，白方礼钻出被窝，蹬上三轮车就去载客。他的睡眠，总是断断续续。

尽管，他捐出的助学金从当"董事长"时的每月数千或上万元，变成了角票攒起的几百元，但他终于走出了低谷，重又打起了精神，因为，他有很多"糖"。那是学生们的爱戴、老朋友的支持、儿女们的心疼和体谅，还有国家赋予他的荣誉。支教的路，不知有多长，但他想，多难也不再说寻短见的话，他一定要硬朗地活着，他还要一脚一脚蹬出困难学生们的助学金，有多少劲就使多少劲，能蹬多远就蹬多远！

→ 最后一笔钱

★★★★★

2000 年，87 岁的白方礼给人看了三个月的自行车，在那个不挡风也不挡寒的塑料棚子里，他把看自行车所得的 1 角、2 角、1 元、2 元，以及蹬车所得攒起来，他已风烛残年，视力一天比一天模糊，钱上的字看不清楚了，就求助路人，总算数清了，整整 1000 元。最后，他将这笔钱分成两份捐给了市养老院和耀华中学。

那是一个雪天。在耀华中学德育处徐启明老师的记忆中，却是永远难忘的雪天。

2000 年 11 月的一天，大片大片的雪花在呼呼的北风里漫天飞舞。上午 9 点多的课间，白方礼冒着雪来到学校。尽管穿着厚厚的大棉袄，但他的头发、胡子全白了，棉袄也被大雪浸湿。

"我给学生送捐款来了。"太冷了，缓了好一阵，面容憔悴的白方礼才含含糊糊地说出这句话。

他解开大棉袄，从怀里掏出一卷带着体温的钱，颤巍巍地捧到徐启明面前。

徐启明看看老人，又看看他手里的钱，郑重地接了过来。打开，角票里夹着硬币，一共 500 元。

"我干不动了，以后可能不能再捐了，这是我最后的一笔钱……"话还没说完，老人的眼里闪动着泪光，"我惦记着困难学生，想在自己活着的时候再看看这些孩子……"

时间好像凝固了，办公室里鸦雀无声，老师们全哭了。

500 元！对于有钱人来说，这点钱又算什么呢？可对于一名 87 岁的老人，这已是他的全部，他的爱是那么真诚、纯粹。

而事实上，自 2000 年结束了长达 13 年的连续蹬车支教之后，白方礼仍旧将每月的养老金和儿女给的养老钱捐助给不同的公益机构，直至 2005 年去世。累计支教长达 18 年。

他到底捐助了多少学生，没有人做过完整的统计，只有一些粗略的数字。

天津市红光中学孙玉英老师收藏的《红光中学西藏班白方礼助学金申请表》中显示，在白方礼资助该校期间，共有约

200 名学生受到过资助；天津大学特困生勤工俭学中心朱征平老师收藏的《天津大学白方礼助学金申请表》中，约有近 120 名困难学生受到过"白方礼助学金"的资助；而对天津和外省市的教育事业、天津站建设、北京亚运会、各地灾区居民、孤老户的无偿捐助更是无法计数。

据不完全统计，自 1987 年白方礼为河北省沧县大官厅乡白贾村小学捐款 5000 元开始，至 2000 年为耀华中学捐助最后一笔 500 元助学金，在 13 年的不间断捐资助学过程中，白方礼捐助过的学校、教育基金、公益机构等达 30 多家，累计捐款总金额达 35 万余元，获得资助的困难学子超过 300 人〔注：另有媒体统计，直接或间接获得老人资助的学生、教师（教育基金奖励）、孤寡老人达到千人〕。如果按每蹬 1 公里三轮车收 5 角钱计算，相当于老人蹬车绕地球赤道 18 周，那是——72 万公里。

1 位老人，35 万元捐款，300 多名困难学子，72 万公里路程……透过这一组相互关联的数字，依稀可以看到老人被岁月雕刻的面庞，被劳累压弯的脊梁，被汗水浸湿的衣衫，那是车轮碾出的金色的车辙，那是一颗太阳般的心跳动着的光芒。

→ 我们的父亲

人的精力永远是有限的，把一颗心全部献给教育，白方礼分身乏术，他无暇顾及儿女们的感受。

这个固执地说着"有国无家"的老人，是怎样一位父亲？

儿子白国富说，自幼没进过学堂的父亲，对知识始终心怀渴望，尽管后来为了生计奔波，无法圆儿时的梦，但他一直盼望着让自己的读书梦在儿女身上实现，他特别敬重有文化的人，他最喜欢努力读书的孩子。

新中国成立后，白方礼才结婚，靠蹬三轮车赚钱养家，妻子照顾家庭。尽

△ 在"白方礼老人资助南开大学特困生仪式"上，南开大学校长逄锦聚（左）及时任党委学生工作部部长的张生理（右）与白方礼合影留念

管一家收入微薄，日子过得捉襟见肘，但他有一条硬性规定：孩子们必须读书，多困难也要读书！因为读书才能有文化，才能靠知识贡献国家。

那些年，一家人仅靠白方礼一个人的工资生活，实属不易，同时，他还供养着自己20岁就守寡的姐姐，对侄子也是一视同仁：

必须读书，考大学！

白方礼对晚辈们没有什么发家致富、光宗耀祖的期望，唯一要求的就是必须好好念书，如果哪个孩子念书不认真，常会受到他严厉的批评。

正是在他的教育和鞭策下，几个孩子上进、努力，各有所成。长女大学毕业后当上人民教师，后在教育局工作；儿子在天津地方企业工作，经过奋斗，走上领导岗位；小女儿也读完了夜大，能够自食其力；白方礼的侄子完成了大学学业，靠着自己的拼搏，在南方的一家企业当上负责人。

在儿女们的记忆中，父亲每每说起这些，总是既欣慰又骄傲，他的读书梦在晚辈身上一点点实现了！

直到父亲得知，那么多的困难学子几乎在做着和儿时的他一样的梦：有钱读书，安心读书。他又踏上了圆梦的征程。

白方礼似乎是个"爱做梦"的老人，但他又是那么脚踏实地，他用车轮一圈一圈地滚，一脚一脚地量，他不安于仅仅做梦，他要把梦变成现实。他把自己化作一盏烛火，即使烛光微弱，但同样可以为困难学子照亮一段前程。借着这道微光，困难学生们走得更远，脚步更有力。

为了支教，白方礼忽略了儿女同样需要他的关照。他似乎有些绝情。

1994年开办的"白方礼支教公司"逐渐红火，在五年的经营过程中，送到各学校的助学金从未间断，而那段时间，小女儿一家的生活却是难上加难。

由于夫妻双双下岗，还要供孩子上大学，女儿白金凤渴望父亲能伸手拉她一把。好强的她向父亲开口求助，想在支教公司谋一份工作。

"你下岗了，要自力更生，这个买卖是为公的，你不能掺和！"白方礼一口回绝。

求了几次，父亲始终不答应。白金凤感到寒心，几度落泪。她想不明白，父亲为了素不相识的困难学生，拼了老命蹬车赚钱、卖房开支教公司，怎么女儿有困难就不能帮一把？拥有20名员工的支教公司，怎么就不能多雇用女儿一个人？

女儿和女婿没能向父亲求得帮助，只能靠给别人打工挣钱，日子过得紧紧巴巴。

对父亲的那份埋怨逐渐拧成一个心结，久久不能释怀。直到父亲带着她去参加了一次助学金捐赠仪式。

那一次安排在高校一间教室里的捐赠仪式来了很多人，在座的绝大多数捐赠人是公司老板，只有父亲是一名普普通通的三轮车夫。但当他们父女二人走进教室的一刻，校方还没怎么介绍，学生们就热烈地鼓起掌来。回想起当时的场景，白金凤仍旧感到震撼——那是父亲对自己无言的教育。

女儿意识到，父亲说得对，全国唯一的支教公司，多少双眼睛看着呢，不能掺杂私利，他让儿女们自力更生，对儿女和公司都有好处。

父亲是最不谋私利的"董事长"，也是最富有的"穷爸爸"。——他富，支教公司每月最多有几千甚至上万元的利润；他穷，他的个人账户里没有一分钱，更没给儿女留下什么实物遗产。

白方礼经常对儿女们说，我帮助别人，就是我的快乐，这不是用金钱或者物质来衡量的。

无须慷慨激昂，也并非舍生取义，更不用轰轰烈烈，这位饱经风霜的老人对"奉献"二字的理解，是那么平凡、朴素，而又实际，那是他脚下的每一步，车轮下的每一圈。

儿女们也算过，这些年，父亲捐出去的35万元，在当初那个时候，完全可以买几套房子，改善一家人局促的住宅条件。但是，细细想来，尽管父亲没给他们留下什么钱，却留下了很多精神财富，这是用多少钱也换不来的!

对儿女们，白方礼不是没有愧疚。

　　"我永远也忘不了我的这个家，这个家是我的'根据地'……等我死了，就算是躺在木头板子上，也觉得对不起你们……"去世前的一段时间，病中的白方礼老泪纵横地对几个儿女说出了掏心窝子的话，这些话在他心里不知埋藏了多少年。

授人玫瑰手有余香

走上央视领奖台

★★★★★

2000 年，出租汽车行业已经逐渐规模化和规范化，三轮车运输逐渐退出历史舞台，87 岁高龄的白方礼，身体每况愈下，再无力蹬车，在又一次不慎摔伤后，不服老的他终于还是被小女儿接回家中养老。

在天津市河北区靖江路的一个普通小区，白方礼的小女儿白金凤一家挤在一处面积不大的两居室单元房里。两个居室全都朝北，夏天热，冬天冷，白方礼和外孙共住一间 10 平方米的小屋。

在家人的照顾下，白方礼过着平静的日子，但在外奔波了一辈子，他在家里哪能待得住？没事的时候，他常喜欢到楼下去逛逛，跟老邻居聊聊天，和老朋友见见面，和前来看望他的学生们一起过节、庆生、包饺子。辛苦了一辈子的白方礼，很知足。

2002 年 12 月 23 日晚 7 时，年近 90 岁高龄的白方礼出现在中央电视台第十演播室，他受邀参加由中国扶贫基金会与中央电视台"公益行动"联合录制的《给我一双翅膀》新长城资助特困大学生特别节目。

△ 新长城资助特困大学生特别节目中，白方礼走上央视领奖台，收到别满高校校徽的绶带

在儿子白国富和主持人孙越的搀扶下，白方礼缓缓走到舞台中央。根本无需过多介绍，白方礼的名字人们早已耳熟能详。台下，所有观众都为他鼓起掌来。

一条别满50多枚校徽的鲜红色绶带被学生代表披在他的肩头，那是来自北京天津乃至全国高校的学生们送给他的礼物。颤巍巍的白方礼老泪纵横："等我身体好些了，还要支教去！"

他资助过的学生在哪里？长什么样？他说不清楚，或许也从未见过，但那一刻，抚摸着绶带上的一枚枚"小牌儿牌儿"，他知道，学生们一直跟他在一起。

节目在12月29日中央电视台一套节目20点05分到20点55分的黄金时段播出，全国有4000万人收看了节目，打进热线电话的观众情绪激动。中国扶贫基金会副秘书长李利回忆起当时的情景，仍旧很感慨："接到很多的电话，这个节目从播出第五分钟开始一直到结束后两三个小时，电话一直响个不停，很多人在电话那头发出了哭啼声，反响特别大。"而在此后的两个月中，节目又在中央电视台一套、三套、四套、十套、十二套先后五次重播。

那条红色的绶带，成为白方礼最珍贵的"宝贝"，连同另外几件宝贝一起，每日与他为伴。

一只小黄莺。老人对它照顾有加，每天喂食、喂水，看它在鸟笼中雀跃，听着它清脆的叫声，白方礼仿佛又回到了自己年轻的时候。那时候，日子过得真是很辛苦，但自己浑身有的

△ 白方礼喜欢吃肉，在支教期间为了攒钱，几乎不吃肉。2000年回家养老后，儿女常给他买炸鸡腿等好吃的食物

是力气。对着小黄莺，他常常感慨自己支教的路起步得晚了，不然，一定能帮助更多困难学生。

一台半导体。是那种最普通的、手调电台的半导体，老人听力不太好了，总要将半导体贴近耳朵。他不识字，不知道报纸上写的什么，年轻的时候是靠"听"，听别人嘴里的只言片语，如今老了，还是靠"听"，听国家的日新月异。他最高兴的，是从广播里听到有关"教育"的话题：国家有了"助学贷款"、学校对优秀困难学生发放了奖学金……

一个剪报本子。蹬车支教这些年，有关他的新闻报道不少，每次接受采访后，他都让别人帮他关注报纸上的报道，只要是有关自己的，他就把报纸留下来，装在一个大大的塑料袋里，随身携带。回家养老后，他把报纸上的报道和图片剪下来，贴在一个大本子里，让家人一篇篇读给他听，他感慨，那些看了报道的读者中，一定会有人像他一样去支教。"这些资料，都是报道我的！"有人到家中看望他，他总会欣慰又自豪地拿出这本"教材"。

还有白方礼的"老伙计"三轮车。风雨兼程半个多世纪，已很破旧。从前，它是老人的"老伙计"，拉客人，载货物，白方礼蹬车累了，就在树荫下守着这车小睡一会儿。这一对"战友"见证着彼此的岁月。白方礼将车擦洗干净，挂好铜铃铛和小红旗，赠送给了天津市第78中学，被停放在展览室里，作为学校最珍贵的实物教材。时光流转，一切都被岁月磨蚀，唯有那铃铛声，清亮无比。

天津市第78中学的学生们一直是听着白爷爷的故事长大的。多年来，老人一直是学校的校外辅导员，他的支教故事鼓舞了一届又一届的学生。回家养老后，不再蹬车支教的白方礼，每当想学生们了，就去学校看看，学校也定期安排老人继续给孩子们"讲故事"。在学校为白方礼专门设立的展览室里，还陈列着很多老人蹬车时的照片，每一张照片的背后都是一段段支教故事，总能让他滔滔不绝。

他最常说的还是支教的话题，他的助学梦始终华美。

昨日您奉献，今日奉献您

★★★★★

节省、简朴、操劳了一生，直到晚年，白方礼仍旧是未曾发福的薄瘦身板，头发稀疏，皱纹深刻，骨骼分明。

家人给他炖肉，他照旧舍不得吃，一小碗肉，总要分成几份，就着好几顿饭吃；

新衣还是舍不得穿，穿在里面的秋衣、秋裤，破了的地方，照样打上补丁。

2004年，白方礼因营养不良卧床不起，身体机能脆弱不堪。一顿饭吃不下一个馒头，更多的时间，是静静地躺着。儿女们看着心急，生病了肯定身体难受，怎么父亲都不跟家人说？其实，这也不足为奇，父亲的性格独立、自强，为了生活和支教，吃了一辈子苦，他不想在晚年给家人添麻烦，他不想、也不甘心成为"老了，就嘛也干不成"的人。

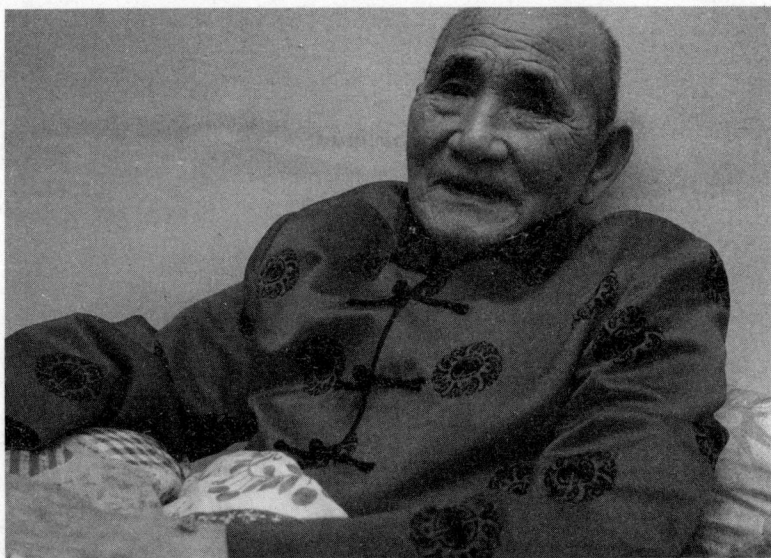

△ 2004年，老人穿上红色华服，在家中观看"感动中国"颁奖典礼。这是他首次获"感动中国"人物提名

牛奶、罐头、水果，儿女们换着样地给老人补充营养；纸尿裤买了一包又一包，为的就是能让失禁的父亲能感觉舒服些。可是，白方礼的身体一直没有起色。

儿女们的成长岁月，始终伴着父亲的言传身教，他们知道，此时的父亲最不愿给社会增添负担，老人患病的消息一直隐瞒着，还有拮据的生活，儿女们也一直缄口不言。直到学生们来家中看望时，发现了异常。

91 岁的白爷爷病倒了！消息传出来，牵动着市民们的心，引起全社会的关注。

老人入住天津市河北区第三医院，接受全程免费治疗。经过系统的身体检查，结果令人欣慰，尽管老人的身体器官日渐虚弱，但总体情况良好，只要能及时补充营养，还能恢复健康。

市民们蜂拥而至，有些人是一路打听才找到病房的，大家只有一个心愿，就是给老人加油，祝愿他早日康复。白方礼的病房门口每天都站满了市民，大家捧着花篮，提着水果，带着慰问金。昨日您奉献，今日奉献您！市民们回馈给白方礼的爱汇聚成海。大家默默地透过窗口望着老人，不约而同的是，谁也不愿惊动老人的休息和治疗，只安排几名代表进入病房看望。

营养液源源地滴注进白方礼的血管，他的身体指标逐渐提升，大家的爱更是温暖着他的心。病情刚刚好转，能讲几句话了，他恨不得倾诉出全部的感谢："谢谢大家来看我……给大家添麻烦了。"他的言语断断续续，却是两眼含着感激的泪水一个字一个字地讲完。

市、区领导心疼不已，躬身在白方礼的床边，安慰他安心养病：“不要有什么后顾之忧，以前您为了捐资助学蹬了这么多年的三轮车，现在您身体不好，有什么困难就提出来，我们尽量给您老解决。”

老迈的他，惦记着心里那个支教的“大计划”，他让家人扶他坐起，明亮的眼睛恳切地望着领导：“我要是好了，还要去蹬三轮车，接着捐资助学。”

短短几天，为白方礼开设的救助账户中就汇聚了来自全国各地的善款 20 多万元。

谁说人老了，不中用了？谁说蜡烛将熄，光晕渐微？年过九旬的白方礼用行动证明，他的容颜苍老了，但壮心未老；他的身体病倒了，但精神始终屹立！

历经一个多月的治疗和调养，白方礼的各项生命体征趋于正常，尽管仍无力行走，但精神面貌好了很多，他能吃饭了，能安睡了，他可以出院回家了。

得知白方礼可以回家休养，曾经获得他资助善款的天津市养老院立即决定将他接到养老院居住，无偿为他提供高级房间和专人照料。

养老院条件优越，工作人员细心周到，可是白方礼就是待不踏实，常常嘱咐照顾他的护工：“你们歇着吧，我自己能照顾自己。”护工慌了神，担心是自己照顾不周，让老人感到不适，

便更加尽心尽力，可这却让白方礼愈发觉
得自己给大家添了麻烦——"我嘛也没干，
总被'上面'重视，还劳烦大家照顾，我
还是回家住吧。"

在他的一再坚持下，几个月后，白方
礼离开了养老院，搬回到小女儿的家中。

→ 参观自己的事迹展

★★★★★

为了照顾老父亲，女儿白金凤辞掉了
工作，全职在家，每天为父亲擦洗、换尿布、
做营养餐、喂饭。另外两个孩子常来看望。

看着操劳了一生的父亲，如今，儿女
们太想为父亲多做些什么，让迟暮的老人
享受这难得的团圆和温暖。

然而，心愿再美好，终抵不过现实的
冷酷，一家人其乐融融地过了未满一年的

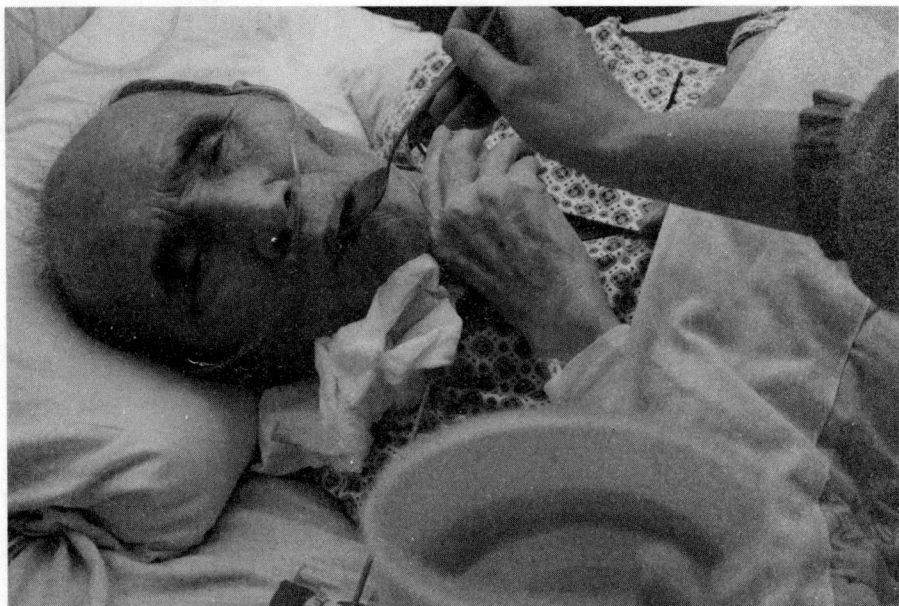

时间，2005年5月，老人再度病发，又一次入住河北区第三医院。这次，他的病情更加严重了。癌症，这沉重的字眼，让风烛残年的白方礼，如何与它抗衡？

高龄的老人倘若接受手术，风险太大，医院在征得他的家人同意后，选择保守治疗，试图通过葡萄糖、营养液、消炎药剂来延缓病情的恶化。

医院几度发出了病危通知书，但白方礼

都奇迹般地脱险，顽强地挺了过来。是什么给他力量？是支教，是孩子们，是他想要建一所"白方礼小学"的未完的心愿。

一次，白方礼连续昏迷几天，医院的治疗和家人的呼唤都无济于事。正在大家心急如焚之时，轮流看望他的第78中学的学生们想出了一个办法：把同学们的挂念和祝福录入磁带，播放给老人听。

白爷爷，您醒过来吧，我们离不开您；白爷爷，我们想听您讲的支教故事了；白爷爷，我们都在您身边陪伴您……录音机放在老人耳边，小声地播放，孩子们的呼唤传入白方礼的耳朵。这真的是个奇迹，连日昏迷的他，微微地睁开了眼睛，他醒过来了！竟转动着眼珠，急切地寻找着学生们！

又一次，白方礼连续几天不能进食，即使家人喂他喝的稀粥，也全都吐了出来，人越来越虚弱，眼睛里失去了光彩。这个时候，老朋友杨俊玉来到了医院。

看着昔日硬朗、坚强的老朋友，如今却只剩一把瘦弱的"老骨头"，杨俊玉哽咽了，轻轻地拉起白方礼的手，他嘱咐着："老白，你要挺过来啊，要活到100岁，你忘了答应我的话吗？要把支教公司办大、办好！"

"好，好！办大，办好！"白方礼的眼睛一下子亮了。配合医院周密的治疗方案，他再次转危为安。

兴学，支教，那是他的梦，他的药，他的命！

然而，癌症如同一个魔鬼，正丝丝缕缕地夺走白方礼的生

授人玫瑰手有余香

△ 2004年，老人已无法下床、大小便失禁，更多的时候，他安静地躺着或坐着

命。这一场仗，他打得太辛苦，他深知自己时日无多，他不想身上插满管子，在弥漫着药味和消毒水味道的医院里，悲伤地离去，他，想回家。

2005 年 6 月 19 日，白方礼和儿女们在医院里一起度过了他生命中最后一个父亲节，那天他精神很好，几个孩子都守在身边，他还高兴地吃了一点奶油蛋糕。几天后，他把儿子叫到身边："儿子，我这病不治了，我想出院，我想回家。"

儿子白国富陷入了沉思。他多想父亲能像自己记忆中的那样健康、硬朗，哪怕他仍旧倔强地坚持己见，哪怕他仍旧固执地蹬着三轮车顶风冒雪不着家，哪怕他仍旧唠叨着"不许浪费"，哪怕他仍旧不听劝阻捡拾过期食品、破衣烂衫……如果能换回从前，白国富必定倾尽自己所能！而如今，面对着被病痛折磨得枯

△ 女儿白金凤在给父亲喂饭

干的父亲，这最后的心愿，他怎能不满足？

白国富点头答应了。

7月6日上午，在做完身体检查后，医护人员用担架车将老人推上医院安排的120急救车。上车后，他拉住护士："我想去看看我的展览。"

白方礼患病期间，天津当地媒体广泛收集老人的照片和实物资料，为他办了一场《驮

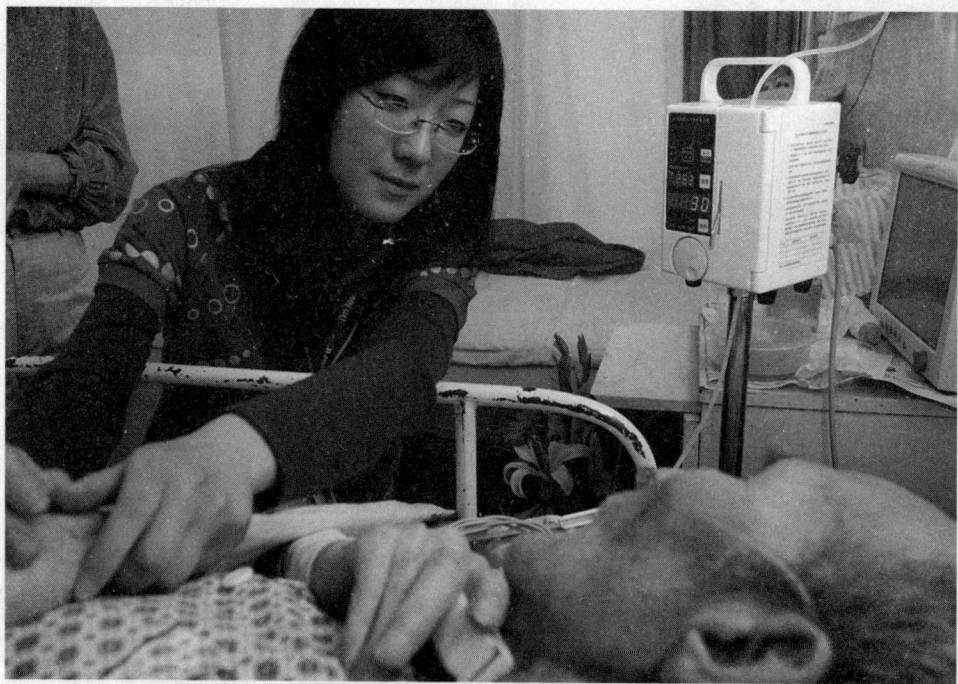

△ 长期追踪采访白方礼的记者到医院看望他

在车轱辘上的丰碑——白方礼支教事迹展》。因为参观的市民众多，有不少人还是从外地赶来，故而展览延迟了展期。

7月的烈日滚烫地炙烤着大地，32℃的高温，老人的身体能受得了吗？但是，儿女们明白老人的心，父亲不仅仅是要去参观展览，他更是在与曾经的岁月告别。

仰卧在担架车上，白方礼被推进展厅，正在观展的市民没有想到，展览的主角居然来到了现场，大家呼唤着"白爷爷"围了上来，跟随着担架车缓缓移步。

与妻子儿女的黑白色全家福、和儿子在海河边的合影、去学校捐赠助学款时的现场照片、和学生们的合影、记者们在他蹬车时给他拍的"工作照"，还有，他获得的那些奖牌、奖杯，写满乘客赠言的留言簿……老人的目光扫过那些照片、老物件……往事穿过飞逝的流年，拂过岁月的风尘，在记忆里发亮，它们那么近，却似乎又那么远。白方礼的表情时而欣慰时而忧伤。

然后，白方礼看到了他的那辆三轮车。它安静地立在展厅中央，锈迹斑斑的车身，已经老化的轮胎，磨损得模糊的号码牌，有些褪色的小红旗……白方礼费力地从担架上探过身去，伸出手在三轮车上摸了又摸，眼角有泪水滑落，嘴里喃喃地说着些别人听不清的话。

他在对他的"老伙计"说什么呢？是好久不见，还是，我要走了？

告别人间，天使回家

★★★★★

出院后，白方礼被安顿在儿子白国富的家中。

躺在家人为他准备的单人床上，嶙峋的骨骼，枯瘦的面颊，苍白的脸色，双眼深陷，喘息声微弱，白方礼虚弱得如同深秋里的一片树叶，与病痛的斗争几乎耗尽了他生命中最后一点力气。

医护人员每天都到家中关注老人的病情，儿女们也在医生的指导下，给老人喂一些容易消化的流食，他也能简单地告诉儿女们：渴、饿、疼……但随着时间的推移，白方礼的状况越来越差，不能吃东西，话也几乎不说了，他无法坐起，醒着的时候，只是无声地看着窗外。

8月下旬，白方礼出现发烧、腿肿等症状，并伴有痰阻、呕吐和胃出血。他逐渐无法进食了，吃的东西全都吐了出来，每天连续 10 个小时滴注 7 瓶葡萄糖和营养液维生，身体过于枯干，到后来，连输液的时候，双手、双臂、双脚都几乎找不到血管，无法下针。白方礼陷入了昏迷。

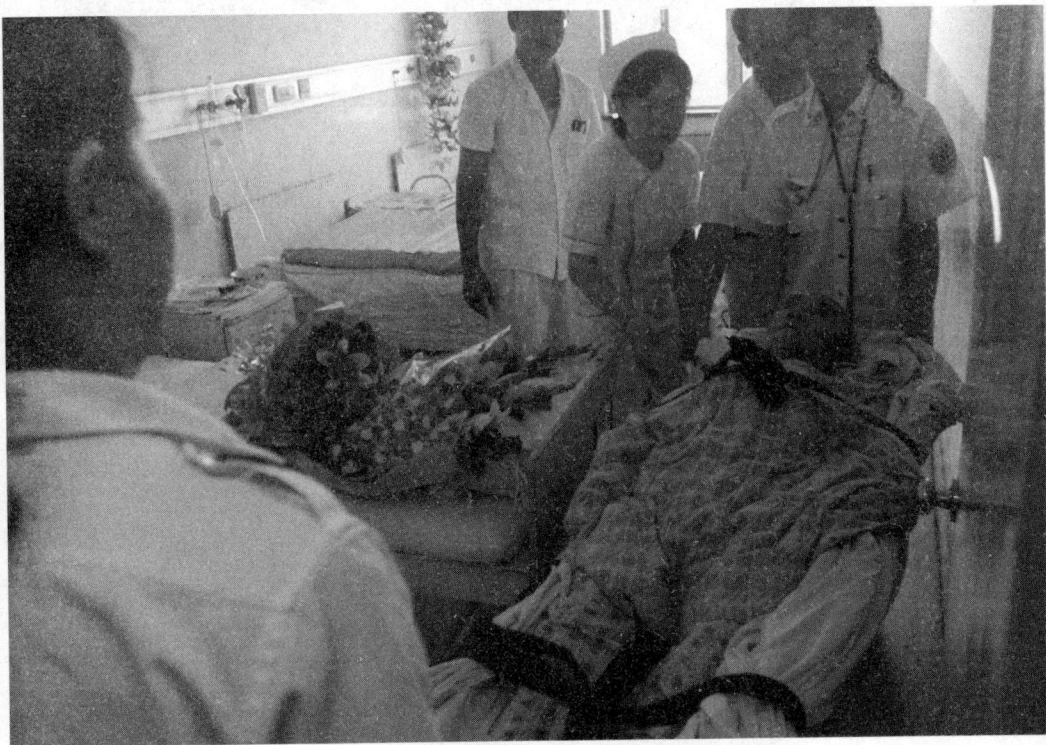

△ 白方礼出院当天，医护人员抬着老人的担架离开病房

授人玫瑰手有余香

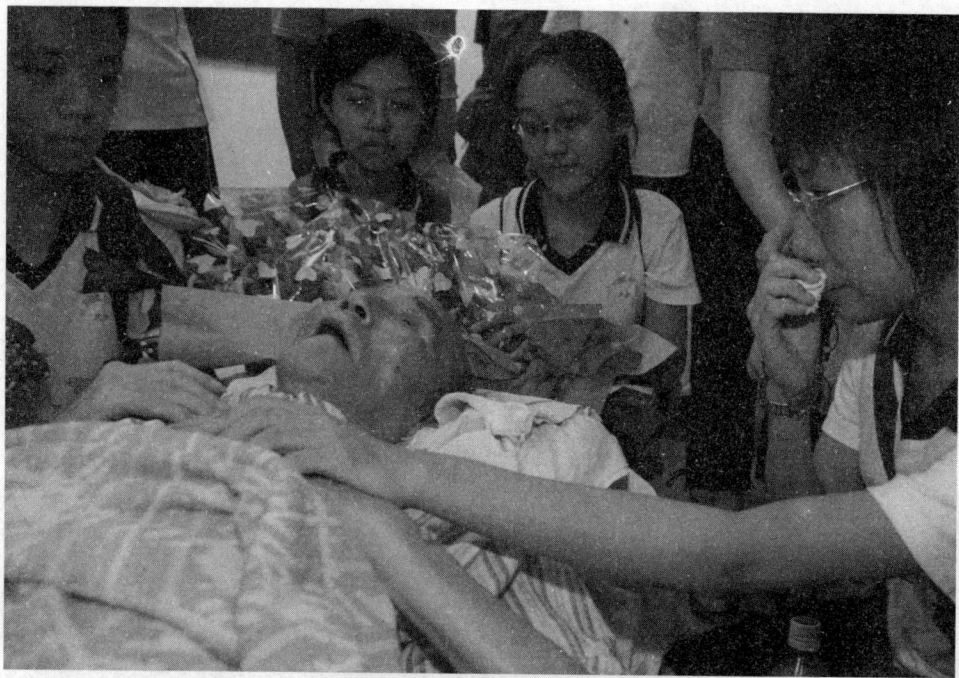

△ 学生们看到衰弱的老人，心疼得哭了

　　他的一生都活得像一名战士，年轻的时候，和生活较量；退休后为支教而奋斗；患病时与死神对抗。如今，他已油尽灯枯。

　　9月21日，昏迷了19天的白方礼清醒了过来，他慢慢地睁开眼睛，整整一天都仰卧在床上打量着身边的亲人和室内陈设，直至晚间还没有睡意，拽着儿媳许秀芹的手，他似乎有话要说，却几次都说不出来。

儿媳蹲在床边，凑近老人的耳朵。

"爸爸，您勤俭一生不容易，资助这么多学生上学，孩子们还回来看您，您高兴吗？"

"嗯，高兴。"他无力地动了动嘴唇，又点了点头。

"您没有白辛苦，好多学生都上大学了，您还获得好多荣誉，还当了劳模，大家都跟您学支教，您还满意吗？"

"我满意。"他的嘴角泛起微笑。

"爸爸，您是平常的人，您就是普通的老百姓，您走到这个地步（注：指捐资助学，事迹远播）确实不容易，您虽然这么多年都没有给儿女留什么，但是您留下的精神财富会万世流芳，我们都特别理解您。等您去世后，会有好多媒体，还有您的学生，都来送您，我们把屋里布置成花的海洋。您歇会儿吧，睡一会儿觉吧。"

白方礼艰难地抬起头，朝床头望去，那里摆放着一张被扩放的黑白照片，是他和学生们的合影，照片中，学生们将他簇拥在中间，他慈祥而憨厚地笑着。

"好……学……习……支……教……"这是白方礼眷恋的最后一眼，意味深长的最后一句话。他再度陷入昏迷。

9月23日上午8时10分，在家人的守护下，白方礼安静地离去，享年93岁。他的人生像一本厚重的书，笔墨沧桑，他顽强地写完最后一页。

"我就不能花钱，只能往里挣才是。孩子们考上大学多不易，可考上大学还念不起，你说这事怎么办？我蹬三轮车还能挣些呀，所以就重操旧业，一蹬就蹬到现在，一蹬就下不了车了……"

白方礼从未离去，他和他的三轮车一直在风尘仆仆的路上。

→ 白方礼语录

★★★★★

白方礼在接受记者采访时说——

"我嘛都没干，又让'上面'重视了。"

"我是老劳模，嘛事就得多为国家做点事，多做点贡献……"

"我没文化，又年岁大了，嘛事干不了了，可蹬三轮车还成……孩子们有了钱就可以安心上课了，一想到这我就越蹬越有劲……"

"想想那些缺钱的孩子，我坐不住啊！我天天出车，24小时待客，一天总还能挣回二三十块。别小看这二三十块钱，可以供十来个苦孩子一天的饭钱呢！"

"我要求他们回去好好学习，好好做工作，好好做人，多为国家做贡献。"

白方礼对儿女们说——

"我要把以前蹬三轮车攒下的5000块钱全部交给老家办教育。这事你们是赞成还是反对都一样，我主意定了，谁也别插杠了！"

"我怎么不知道在家享受呢，可我哪儿能歇着啊，哪舍得花钱去，蹬一次车，赚个几块钱，是挺不容易的。孩子们还等着我的钱念书呢，我天天心里都惦记着我资助的几百个学生。"

"我这身体硬棒着呢，不用你们照顾。我现在是有国无家，为了大家舍了小家，为了能给孩子们多挣钱，眼下就住这儿了（指支教公司拆除后，仅剩的一间铁皮小屋）！"

白方礼对下岗后向他求助的女儿说——

"你下岗了，要自力更生，这个买卖是为公的，你不能掺和。"

白方礼对他的老朋友杨俊玉说——

"我过得是苦，挣来的每一块钱都不容易。可我心里是舒畅的。看到大学生们能从我做的这一点点小事上唤起一份

△ 白爷爷，红光中学学生永远想念您

报国心，我高兴啊！"

白方礼对南开大学老师说——

"我这样一大把年岁的人，又不识字，没啥能耐可以为国家做贡献了，可我捐助的大学生就不一样了，他们有文化，懂科学，说不定以后出几个人才，那对国家贡献多大！"

白方礼对支教公司的员工说——

"我们挣来的钱姓教育，所以有一分利，

就交一分给教育。"

白方礼对受助学生们说——

"同学们放心，我身体还硬棒着呢，还在天天蹬三轮，一天十块八块的我还要挣回来。"

"你们花我白爷爷一个卖大苦力的人的钱确实不容易，我是一脚一脚蹬出来的呀，可你们只要好好学习，朝好的方向走，就不要为钱发愁，有我白爷爷一天在蹬三轮，就

△ 免费接送市民的出租车，从窗口打出送别条幅

有你们娃儿上学念书和吃饭的钱。"

白方礼在等活儿间隙捡吃一块馒头，对认识他的围观群众说——

"这有嘛苦？这馍是农民兄弟用一滴一滴汗换来的，人家扔了，我把它拾起来吃了，不少浪费些么！"

白方礼对红光中学孙玉英老师说——

"我不吃肉，不吃鱼，不吃虾，我把钱都攒着，给困难学生们。"

白方礼在病中对关心他的市民们说——

"我挺好的，谢谢大伙惦着，等我出院了，还要支教去！"

→ **白方礼支教记录(不完全统计)**

★★★★★

1987 年为河北省沧县大官厅乡白贾

村小学捐款 5000 元。

1988 年为中小学幼儿教师奖励基金会捐款 5000 元。

1989 年为天津市教师奖励基金捐款 800 元。

1990 年为沧县大官厅乡教育基金捐款 2000 元。

1991 年为天津市河北区、津南区教师奖励基金、北门东中学和黄纬路小学等共捐款 8100 元。

1992 年为"希望工程"和家乡白贾村小学捐款 3000 元。

1993 年为我国第一个"救助贫困地区失学少年基金"捐款 1000 元。

1994 年为天津市河北区少年宫捐款 1000 元。

自 1994 年开始，白方礼用"支教公司"的全部税后收入资助南开大学困难学生，总金额约 3.4 万元。

自 1995 年开始的三年间为红光中学藏族困难学生捐款，金额近 5 万元。

自 1995 年开始的三年间，为天津大学困难学生资助金额总计近 5 万元。

此外，在白方礼十几年蹬车支教的同时，还先后为中国青少年发展基金会、第 43 届世乒赛、市养老院等团体捐助款项。据不完全统计，他的累计捐款总额超过 35 万元，其中包括 300 多名大学生的学费与生活费。

➡ 白方礼荣誉

✦✦✦✦✦

1987 年天津市先进个体劳动者、天津市河北区勤俭持家标兵户。

1988 年天津市"老有所为"精英奖、天津市先进个体劳动者区级先进生产者。

1989 年全国老有所为精英奖、天津市五好家庭标兵户、区级勤俭持家标兵户。

1991 年天津市关心下一代标兵、天津市先进个体劳动者。

1992 年全国尊师重教先进个人。

1993 年天津市文明工商户区级学雷锋文明个体劳动者。

1994 年市、区级先进个体劳动者。

1995 年天津市关心下一代先进个人。

1996 年天津市优秀个体工商户、天津市"老有所为"先进个人、天津市工商联优秀会员。

1996 年天津市劳动模范、天津市精神文明创建活动标兵。

1997 年全国职业道德先进个人、天津市劳动模范、天津市文明工商户。

1998 年天津市关心下一代工作突出贡献奖、天津市文明工商户、区级关心教育下一代先进个人。

2004 年获第一届中国消除贫困奖"奋斗奖"提名,同年,入选"感动中国·2004 年年度人物"评选。

2005 年天津市慈善老人。

2006 年获第二届中国消除贫困奖"奉献奖"。

2008 年获网络媒体"感动中国人物"。

2009 年获感动天津人物"海河骄子"称号。

2009 年被评为全国 100 位新中国成立以来感动中国人物。

2012 年央视"感动中国"向白方礼"特别致敬"。

后　记

心里有座碑刻着他的名

　　2004 年冬天的一个雪天，我提着一个大西瓜，踏着雪，和摄影记者一起去看望白爷爷。当时，他住在河北区靖江路的一个老小区的民宅里，那是白爷爷的小女儿白金凤的家。6 层，房间朝北，有点冷。

　　白大姐迎我们进门，说，老爷子挺好的，正醒着呢。那时，92 岁的白爷爷因营养不良第一次住院治疗后，一直在女儿家中休养。

　　白爷爷静默地仰卧在一张单人床上，盖着三床丝棉被子，床头是一摞纸尿裤，桌子上摆着水杯，暖气片上搭着一条潮湿的蓝色秋裤。

　　见我来了，老人用手使劲撑着枕头，想要坐起来，但最后只能向上抬了抬身子。他高兴地看着我笑，指了指床头的椅子，有些含糊不清地"记者来啦，坐啊"。见我手里提着西瓜，又说，"咳，怎么又花钱了，冬天瓜贵。"

　　从来，和白爷爷相见，都是这样的毫无生分，如同一家人。

　　那天，我给白爷爷带去一个好消息，他被评为"2004 年度天津值得记住的人物"。老人耳背，我在他耳边大声地告诉他这个消息。

　　"真的啊？"当他得到了肯定的回答时，他让女儿搀扶自己坐了起来，倚着墙，颤抖着声音说："好啊，这是好消息啊！"说着，两行泪水从眼角滑落。他的眼睛晶亮无比，这些年，这双眼睛常常闪动在我的脑海里。我常想，很多人年老后，眼光就会变得浑浊，怎么白爷爷的眼睛总是这么亮，如同新生的婴儿的眼睛。后来，在长期的采访和接触中，我慢慢明白了，因为他有一颗不老的、孩子般的心，他从不会因各种荣誉和奖项就扬扬自得，更不会因赞誉太多而变得麻木，他的眼睛和他的心一样，如同水晶。

"我是劳模，几十年的劳模，我赚钱为人民，为孩子们……"白爷爷用力地尽量清晰地说出了这句话。眼角的泪未干，他又忍不住笑了起来，脸上深深的皱纹舒展开来。

作为长期跟踪采访白爷爷的记者，这样的相见，不知有多少次了，我们差不多算是忘年交了。他虽然岁数大了，但脑子可不糊涂，每次都认得我，即使是在病中，也是一样。

君生我未生。我总会念起这句话。我想，如果我早出生一些年，一定可以亲见他蹬车支教的身影，一定也可以成为他的一块"糖"，在他情绪低落、体力不济时，鼓励他、支持他。

2005年5月，白爷爷第二次生病住院。是癌症。我常往医院去看他，不仅是因为报道需要，也是因为，想多看看他，每一次我都生怕一别成永诀。在医院时，精神好的时候，他都热络地跟我打招呼，我逗他："还认得我吗？""认得，认得。"他说，厚道地笑。临别，他都让家人扶他坐起，高高地抬起手跟我道别："回见，回见。"直到我出门，再转身看他，他抬着的手始终没放下。

可是，这双手，越来越无力。白爷爷后来病情恶化，多次昏迷，医院几次发出病危通知书。我后来再去看他时，他只能微微睁着眼睛看我，无法动弹，没有表情。握着那粗糙的双手，微凉、绵软。

2005年7月，白爷爷出院，回家休养。出院当天，我捧着一束鲜花到医院去接他，他穿着病号服躺在担架上，那么瘦，几乎是枯干，并不肥大的衣服却如同罩在他身上。在送他回家的120救护车上，他要求医护人员送他去看"驮在车轱辘上的丰碑——白方礼支教事迹展"。

那个展览，是我和单位的领导、同事一起筹办的，位于天津市科技馆的一个大展厅里，这是天津的媒体首次为优秀人物举办展览。我们从天津市河北区档案馆借用了"白方礼永久档案"中的实物、照片，从天津市红光中学、耀华中学、南开大学等接受过"白方礼助学金"的学校搜集了很多照片，白爷爷的家人不仅拿出很多白爷爷支教时使用过的实物，还翻出家中的老相册，提供了老人从年轻到年老时的照片。我们以照片为素材，制作成大幅展板，配上图片说明，悬挂在展厅四周，将奖牌、奖杯、绶带、小本子等各种实物，摆放进陈列柜，白爷爷的三轮车停放在展厅中央，展厅里循环展播一部以白爷爷为原型的电影《心愿》。

2005年6月25日，展览正式开展，原计划的展期是10天。前来观展的有很多人，有些人是从外地特意赶来的，其中，有领导也有普通群众，有健全人也有残疾人，有中国人也有外国人，有各行各业的工作者也有未出校门的学生。展览因此延期，又或许，它是在等这次展览的主角。

白爷爷出院那天，顶着32摄氏度的高温，家人和医护人员尊重老人的意思，将救护车一路开到了展厅门口，用担架车将老人推进了展厅。老人的出现，简直是震动了全场，没人想到，白爷爷会来看展览。

展览上，他看到了自己年轻时的照片，风华正茂青春洋溢；他看到了自己曾经的工作证，一个塑料皮的小薄本，贴着照片，写着"白方礼，三轮车运输"；他看到了自己获得的各种奖项，或许还忆起他上台做报告时的情景；他摸到了他的三轮车，斑驳破旧的车身，插着小红旗……他激动得哭了。我想，他一定很满足，人生里，除了磨砺自己的风沙和苦难，还留下这些无价的成就。

白爷爷回家养病后，病情恶化，身体每况愈下，他愈发虚弱，直到连续多日水米不进、昏迷不醒。再去家中看望他时，他已无法感知我了。我心里的担忧和恐惧慢慢地弥漫，我真怕再也见不到他了。

2005年9月23日上午8点多，我接到白金凤大姐的电话，告诉我"父亲于上午8时10分去世"。我忘记自己是怎么挂断电话的，在房间里愣了好半天。至今，我仍无法回忆起那段时间，自己做了什么，想了什么。只记得开车去白爷爷家的路上，闯了禁行道，被交警拦下，"知道这里禁行吗？"我说，我不记得了，我得去白爷爷家。这回答让交警一头雾水。

白爷爷家楼下已经摆满花圈，楼道里的每一层都亮着长明灯，我拾级而上，一直没说话。同行的摄影记者艾春广提醒我：你是记者，要控制情绪。

从白爷爷9月23日去世，到9月25日出殡，我真的一直没有哭——我不能，也不敢——"天使"完成了他在人世间播撒爱的心愿，他回天堂去了，该给他更多感谢和祝福，我怎能在我的稿件中洒下太多泪水，淹没读者，让人无法泅渡？

后来，白爷爷的三轮车在人民大会堂拍卖首次展示权，在山东大学进行首次展示，他的纪念碑在北仓殡仪馆憩园落成，我都亲临现场……送行的脚步舍不得停，这一场人世的相逢，我不忍告别。

昔人已去，往事依稀……

在这本书中，我尽量客观、真实地记述了白爷爷支教历程的起步，过程中的艰难，获得的好评、赞誉甚至曲解；我刻画了他的性格、他的为人、他对子女对学生对教育对国家的爱；我用我的回忆以及白爷爷的亲友、与他接触的老师、受助学生的讲述还原了一个真实的白方礼，一位平凡、朴实、执着、坚强、胸怀大义的老人。

在此，我一并奉上我的感谢。感谢白爷爷的家人长期以来对我的信任和支持，如亲人般的关照；感谢新华社天津分社副总编辑李靖老师在我采访白爷爷过程中对我的指导、在我撰文过程中对我的点拨、将这一次难得的撰写机会交由我独自完成；感谢天津日报报业集团视觉部李锦河老师、段毅刚老师，以及我曾经的搭档摄影记者艾春广老师，是你们用镜头、独到的视角、精彩而动人的画面为白爷爷留下那么多供我们怀念和追忆的照片；感谢天津以及全国爱戴着白爷爷的人们，是你们的口耳相传，让白爷爷的故事远播四方；感谢吉林文史出版社的工作人员们，对稿件的精心修改和校对，细致地打磨。

白爷爷走了，只留下照片、视频、物品为念；白爷爷还在，他以另外的形式和样貌长存人世间。我多么庆幸，自己有机会认识他，了解他，撰写他，我会替他走更远的路，看更缤纷的世界，见证国家教育事业的点滴进程，并且，将他的故事讲给更多的人听，感召更多善良的心灵。

在我的心里一直有座碑，上面刻着他的名。

/100位

新中国成立以来感动中国人物/

丁晓兵　马万水　马永顺　马恒昌　马海德　中国女排五连冠群体

孔祥瑞　　孔繁森　　文花枝　　方永刚　　方红霄　　毛岸英

王　杰　　王　选　　王　瑛　　王乐义　　王有德　　王启民

王进喜　　王顺友　　邓平寿　　邓建军　　邓稼先　　丛　飞

包起帆　　史光柱　　史来贺　　叶　欣　　甘远志　　申纪兰

白芳礼　　任长霞　　刘文学　　刘英俊　　华罗庚　　向秀丽

廷·巴特尔　许振超　　达吾提·阿西木　　邢燕子　　吴大观

吴仁宝　　吴天祥　　吴金印　　吴登云　　宋鱼水　　张　华

张云泉　　张秉贵　　张海迪　　时传祥　　李四光　　李春燕

李桂林和陆建芬夫妇　李素芝　　李梦桃　　李登海　　杨利伟

杨怀远　　杨根思　　苏　宁　　谷文昌　　邰丽华　　邱少云

邱光华　　邱娥国　　陈景润　　麦贤得　　孟　泰　　孟二冬

林　浩　　林巧稚　　林秀贞　　欧阳海　　罗映珍　　罗健夫

罗盛教　草原英雄小姐妹　　赵梦桃　　钟南山　　唐山十三农民

容国团　　徐　虎　　秦文贵　　袁隆平　　钱学森　　常香玉

黄继光　　彭加木　　焦裕禄　　蒋筑英　　谢延信　　韩素云

窦铁成　　赖　宁　　雷　锋　　谭　彦　　谭千秋　　谭竹青

樊锦诗

图书在版编目（CIP）数据

白方礼 / 安颖著. -- 长春：吉林文史出版社，
2012.12（2022.4重印）
（100位新中国成立以来感动中国人物）
ISBN 978-7-5472-1375-9

Ⅰ．①白… Ⅱ．①安… Ⅲ．①白方礼（1913～2005）
－生平事迹－青年读物②白方礼（1913～2005）－生平事
迹－少年读物 Ⅳ．①K828.1

中国版本图书馆CIP数据核字（2013）第001541号

白方礼

BAIFANGLI

著/ 安颖

选题策划/ 王尔立　责任编辑/ 王尔立 李洁华 任玉茗
装帧设计/ 韩璘
出版发行/ 吉林文史出版社
地址/ 长春市福祉大路5788号　邮编/ 130118
电话/ 0431-81629363　传真/ 0431-86037589
印刷/ 天津海德伟业印务有限公司
版次/ 2012年12月第1版 2022年4月第4次印刷
开本/ 640mm×920mm　1/16
印张/ 9　字数/ 100千
书号/ ISBN 978-7-5472-1375-9
定价/ 29.80元